ANITA ERICSON

Spontan MIT PLAN

NIEDERÖSTERREICH

Styria
VERLAG

UNTERWEGS MIT PLAN

Lust auf Entdeckungen oder Hintergrundinfos, Genussmomente oder Naturerlebnis, Kulturgeschichte oder spontane Ideen auf einen Blick? Dann sind Sie hier genau richtig!

ERLEBEN & ENTDECKEN

AKTIVITÄT & NATUR

KULINARIK & GENIESSEN

ERFORSCHEN & ERFAHREN

KULTUR & GESCHICHTE

NIEDERÖSTERREICH SPONTAN

EINTAUCHEN IN DIE REGION ...

INFOS

Niederösterreich Werbung
T +43 2742 9000 9000
www.niederoesterreich.info

NIEDERÖSTERREICH CARD

Die Karte ist nicht ganz billig, lohnt sich aber rasch, denn sie bietet freien Eintritt an rund 300 Ausflugszielen in Niederösterreich, von den weltbekannten Sehenswürdigkeiten bis zum kleinen Museum; auch einige der Ziele in diesem Reiseführer sind Card-Partner. Die NÖ-Card gilt jeweils von 1. April bis 31. März des Folgejahres.

www.niederoesterreich-card.at

Liebe AusflüglerInnen

Vom Donaustrand zum Alpengipfel: Niederösterreich ist ein wunderbar vielseitiges Bundesland! Zwischen St. Corona und Litschau, dem Ötscher und der March begeistern Sights von Weltformat Besucher aus nah und fern – und dazwischen bleibt ganz viel Raum für eigene Entdeckungen. Diesen spannenden Raum möchte ich Ihnen mit vorliegendem Reiseführer näherbringen. Setzen Sie sich mit mir an die Werkbank, um einen Anhänger aus Fischleder zu basteln, kommen Sie mit zum Wildkräutersammeln oder lassen Sie sich zu einer versteckten Badestelle entführen. Lust auf eine Ausfahrt mit den Huskys, auf eine Kanutour im Grenzland, auf einen gregorianischen Chor? Betrachten Sie die Welt wie ein Frosch oder blicken Sie von oben herab. Treten Sie flott in die Pedale oder nehmen Sie gemütlich beim Heurigen Platz. Beschleunigen Sie in der Luft auf 120 km/h oder lassen Sie sich vom Gebirgsbach mitreißen.

Den Rahmen für diese Erlebnisse, die Kinder ebenso wie Junggebliebene begeistern, bilden die abwechslungsreichen Landschaften meiner Heimat – die skandinavisch anmutenden Wälder im Waldviertel, die zeitverlorenen Hügellandschaften im Weinviertel, die Birnenbaumwiesen im Mostviertel, die schneebedeckten Gipfel der Alpen, das dichte Laub des Wienerwaldes oder die wilden Auen an der Donau.

Die letzten Jahre habe ich Niederösterreich intensiv bereist und noch längst nicht genug davon. Am liebsten packe ich spontan meine Siebensachen und gönne mir einen Auszeittag (oder zwei). Weil mich dabei auch die Neugier antreibt, finde ich immer wieder Schönes und Spannendes, das ich bis dahin noch gar nicht kannte.

So lag die große Herausforderung beim Zusammenstellen dieses Buches in der Auswahl aus einer Überfülle an Möglichkeiten. Ausgesucht, nachgereist und zu runden Erlebnissen arrangiert habe ich Ihnen nun 38 Ausflugsziele, vom Geheimtipp bis zur bekannten Destination, die mit ungewöhnlichem Zugang punktet. Mein Rat: Gehen Sie es gemütlich an. Packen Sie sich für jeden der Vorschläge einen ganzen Tag ins Zeitbudget, hetzen Sie nicht, legen Sie Pausen ein, lassen Sie die Seele baumeln. Langweilig wird Ihnen mit meinen Tipps garantiert nicht.

Anita Ericson

ÖSTERREICHS GRÖSSTES BUNDESLAND

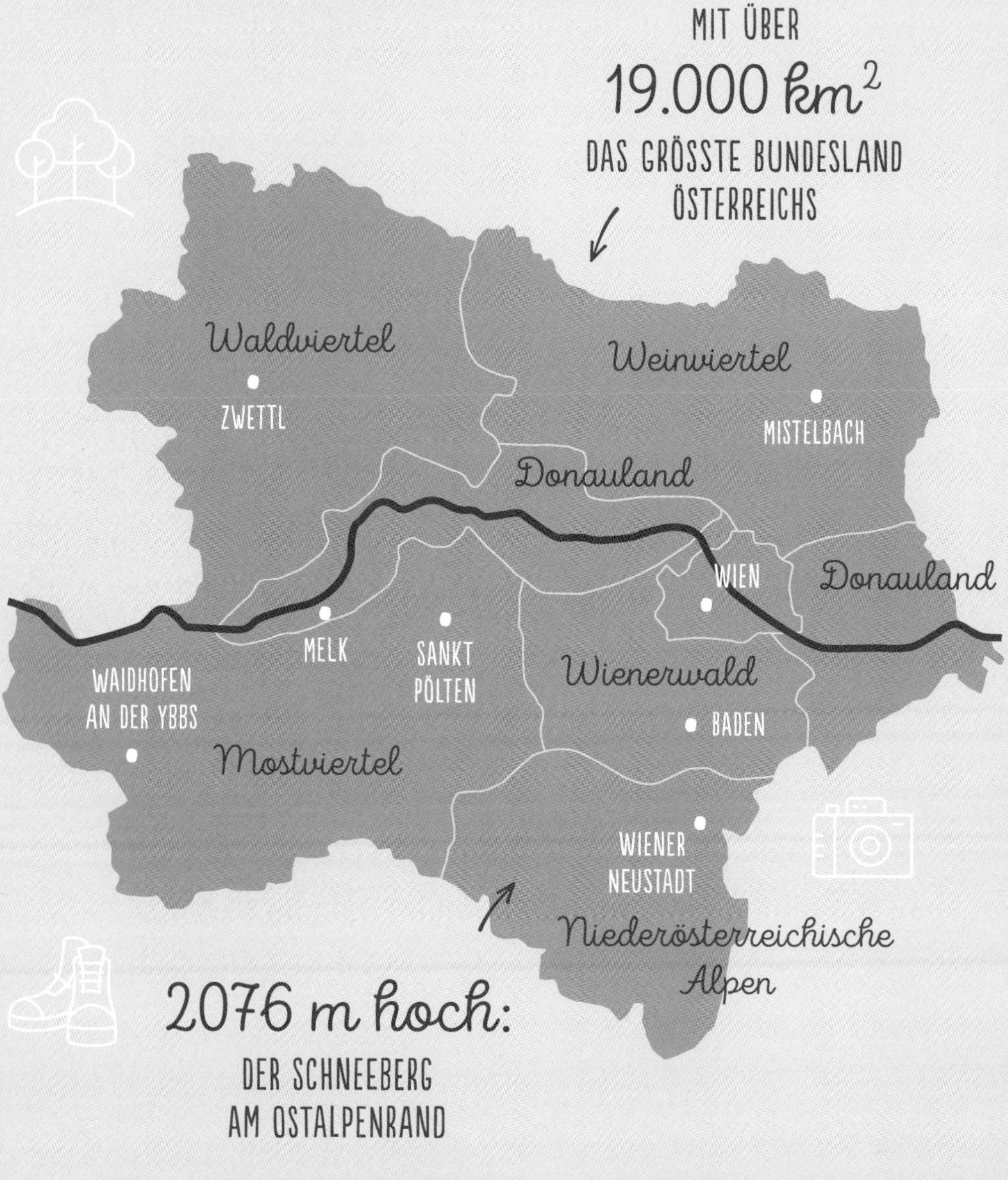

Niederösterreich – ein erstes Kennenlernen

Das Bundesland auf einen Blick

AN DER SCHÖNEN BLAUEN DONAU:

286 Kilometer lang fließt der zweitlängste Fluss Europas quer durch Niederösterreich.

Das berühmte Theaterstück

„DAS WEITE LAND"

von Arthur Schnitzer spielt in einer Villa am Semmering.

EINZIGARTIGES NATURSPEKTAKEL:

Jeden Frühling zwischen Mitte März und Mitte April öffnen sich die Blüten der rund 100.000 Marillenbäume in der Wachau.

Niederösterreichs Ort mit dem kuriosesten Namen:

FLEISCHESSEN IM MOSTVIERTEL

Infos
Weinviertel Tourismus,
www.weinviertel.at

Spontan MIT PLAN

WEINVIERTEL

Es ist still in der nordöstlichen Ecke Niederösterreichs. Still, beschaulich, geruhsam; das Leben folgt hier einem Rhythmus aus früheren Zeiten. Diese längst vergangenen Tage sind auch optisch das Hauptmerkmal des Weinviertels: winzige Dörfer ganz ohne Schuhschachtelhäuser, weite Hügellandschaften ganz ohne Shoppingzentren. Stattdessen Klatsch und Tratsch am Dorfanger und Aussichten, die das Herz weiten.

Dass dem Weinviertel viele hässliche Erschließungen erspart geblieben sind, hat seinen guten Grund: Bis zum Fall des Eisernen Vorhangs war hier an den Ufern von Thaya und March die westliche Welt zu Ende. Sackgasse. Das ist heute hier angenehm zu spüren.

Es ist ein Landstrich, den man näher besehen, in den man sich erst eingrooven muss, bevor die Liebe dazu gelingt – die von mir ausgewählten Ausflüge mögen Ihnen als großartige Einführung dienen.

Die alten Presshäuser in der Sitzendorfer Kellergasse
sind wunderschön renoviert, trotzdem hat sie ihren Charme bewahrt.

HOLLABRUNNER KELLERGASSEN

Sitzendorf – Raschala

ERLEBEN ENTDECKEN

Die Kellerkatze und der Pinkelstein

Als „Dörfer ohne Rauchfang" stehen die Kellergassen an den Rändern vieler Weinviertler Dörfer. Sie werden heute nur noch aus Tradition gepflegt, die Weinproduktion findet längst in modernen Kellereien statt. Zeitreise gefällig? In den Hollabrunner Kellergassen kann man sich gut vorstellen, wie es damals war.

Mögen auch Sie das Morbide? Wenn Fassaden kleine Risse haben, sich Natur durch von Menschenhand Geschaffenes wieder seinen Weg bahnt und ein Hauch von Moder in der Luft liegt? Man will ja niemandem schlechte Lebensumstände wünschen, aber manchmal ist so etwas eine Wohltat im Vergleich zum Glattgelackten unserer modernen Welt, wo es keine Delle oder sonstige Makel geben darf.

Da kommen die Weinviertler Kellergassen ins Spiel. Sie sind das **WAHRZEICHEN DES WEINVIERTELS**, dessen Bild sie seit gut 250 Jahren prägen. Viel Weingartenfläche ist seit der Einschleppung der Reblaus im 19. Jahrhundert verschwunden, die Kellergassen gibt es noch: Rund 1100 verteilen sich übers ganze Viertel, in ihren Kellern und Presshäusern, die nach hinten in die Erde wachsen, wurde früher Wein produziert und gelagert und die tägliche Kellerstunde gehörte für die Weinbauern zum Alltag. Sie waren damit auch Zentren der lokalen Kommunikation, nicht selten wurde gemeinsam getrunken, gegessen, gesungen und getanzt.

Heute ist die Weinproduktion ausgelagert, die alten Keller werden vielerorts dennoch gehegt und gepflegt – und anlässlich von Festen lebt die Geselligkeit wieder auf. Die meiste Zeit des Jahres aber präsentieren sich die Kellergassen still und nahezu abweisend. Das ist der Grund, warum wir die **SITZENDORFER KELLERGASSE** in Hollabrunn auf die Ausflugsliste geschrieben haben: Entlang des **THEMENWEGES „AUF DEN SPUREN DER KELLERKATZE"** wird man auch dann bestens unterhalten, wenn sonst nichts los ist. An **25 STATIONEN**, die gelungen gestaltet sind

UNTERWEGS

MIT PLAN

FÜHRUNGEN

Wer es ganz genau wissen möchte, schließt sich einer der regelmäßig angebotenen Führungen an. Am ersten Septemberwochenende nach Schulbeginn findet die Veranstaltung „Kultur und Kino im Keller" hier statt.

www.kellerkatzenweg.at

~

KELLERGASSE RASCHALA

Die Kellergasse von Raschala wird nur selten von Festen belebt. Führungen sind auf Anfrage buchbar.

www.pinkelstein.at

Das Wesen des Weinviertels erfassen

und liebevoll instand gehalten werden, bekommt man einen schönen Einblick in Weinbau, Kellergassen und das Weinviertel ganz allgemein. Drei Erlebnisstationen sind sogar in Kellern untergebracht, über eine Chipkarte erhält man Zutritt. Der abwechslungsreiche Rundgang führt aus dem Stadtgebiet, wo auch die Kellergasse ein klein wenig urban wirkt, weit nach hinten, wo der ländliche Charakter überwiegt, und noch ein Stück weiter in die Weinberge.

Die Sitzendorfer Kellergasse ist mit ihren beiden parallel laufenden Gassen eine der ausgedehntesten im ganzen Weinviertel. Darüber hinaus gibt es in der Bezirks-

Nur ein ganz Großer bekommt eine eigene Erinnerungstafel fürs Pinkeln.

hauptstadt Hollabrunn noch die ruhige **GERICHTSBERGKELLERGASSE** sowie jene von Raschala – in Summe reihen sich hier gut 300 Keller aneinander. Jene am Gerichtsberg lohnt dann einen Besuch, wenn der Heurige der Familie **SCHMID** geöffnet hat, jene in **RASCHALA** immer: die kleine Hohlgasse mit nur 28 Kellern fügt sich harmonisch in die Umgebung aus Wald und Feldern, sie verschmilzt mit der Landschaft geradezu zu einer Einheit. Die aufwendig renovierten Keller sind weiß gekalkt, eine **GEWALTIGE HOLZPRESSE** am großen Platzl zeugt vom Weinbau anno dazumal.

Bekannt ist die Kellergasse von Raschala allerdings wegen einer Legende: Auf seiner Reise 1787 von Wien nach Prag soll **WOLFGANG AMADEUS MOZART** nach einem Kellerbesuch hier unter der Linde Erleichterung gefunden haben. Den **„PINKELSTEIN“** ziert heute eine Erinnerungstafel, eine baumlange Fahne sorgt dafür, dass man ihn nicht übersieht. Und wenn es nicht wahr ist, ist es zumindest gut erfunden …

WEITERE TIPPS

AUF DEN SPUREN DER KELLERKATZE

Der Themenweg „Auf den Spuren der Kellerkatze“ umfasst 25 Stationen – so braucht man für die 4,15 km lange Runde gut zwei bis drei Stunden. Drei Erlebnisstationen sind in Kellern eingerichtet (April bis Mitte November begehbar), die Chipkarte dazu erhält man gegen Kaution beim Check-In im Café des Sport-Seminar-Hotels am Eingang zum Themenweg; hier gibt's auch einen Souvenirshop.

Jeweils zwei Rastplätze, Getränkestationen, Spielplätze und eigens eingerichtete Kinderstationen stehen unterwegs zur Verfügung.

Gegen Vorbestellung steht am Ende des Kellerkatzenwegs ein mit regionalen Spezialitäten gefüllter Korb im Haus Nummer 22 bereit – der passende Platz dazu findet sich gleich daneben am Tisch im Keller oder unter der Pergola vorm Haus.

www.kellerkatzenweg.at

GENIESSEN

Sich beim Heurigen verwöhnen: Nach dem Besuch von Kellergassen steht die Einkehr beim Heurigen an. Aktueller Kalender:

www.hollabrunn.gv.at
(Menüpunkte: → Kultur & Veranstaltungen → Wein & Kulinarik).

~

Sich im Regionenshop durchkosten: Im Hollabrunner Zentrum gibt's die besten Weinviertler Weine glasweise, dazu werden im Bistro regionaltypische Snacks kredenzt (die teilweise auch im kleinen Shop verkauft werden).

Mo–Fr geöffnet,
Sparkassegasse 1,
Regionen-Shop auf facebook

Oben: Was den Ägyptern ihre Pyramiden waren den Hallstattzeitlern ihre Grabhügel.
Unten: Der Sternenhimmel über Großmugl zeigt sich brillant.

EISENZEITLICHER GRABHÜGEL

Großmugl

KULTUR GESCHICHTE

Urzeitfeeling unter reinem Himmel

In der zeitlosen Landschaft des unteren Weinviertels finden sich reichlich Relikte aus der Urgeschichte. Vieles ist kaum mehr auszunehmen, wie die zahlreichen Kreisgrabenanlagen, die von Luftbildarchäologen entdeckt wurden – im Gegensatz dazu ragt der Grabhügel von Großmugl prominent in den Himmel. Stichwort Himmel: Der zeigt sich hier traumhaft sternenübersät.

Kuriose Ortsnamen gibt es viele in Niederösterreich. Oft fragt man sich, wo das wohl herkommt. In Großmugl liegt der Name freilich auf der Hand: Südwestlich vom Ort ragt ein markanter Hügel aus der sonst so weiten, welligen Landschaft. Dieser große Mugl ist ein Leeberg oder Tumulus, ein Grabhügel, stammend aus der **HALLSTATTZEIT** – wurde also zwischen 800 und 400 vor Christi Geburt aufgeschüttet. Er misst rund 16 Meter in der Höhe, hat einen Durchmesser von 50 Metern und gilt damit als einer der größten seiner Art in Mitteleuropa.

Was sich drinnen verbirgt, können Archäologen nur erahnen: Es fehlt das Geld für fachgerechte Ausgrabungen. Aufgrund der Größe des Leebergs **VERMUTET MAN EIN „FÜRSTLICHES" GRAB** mit einem großen Blockbau im Inneren. In vergleichbaren Gräbern fand man speziell für den Grabgebrauch angefertigte Keramikgefäße, die mit Speisen und Getränken gefüllt waren. Neben dem großen Tumulus befand sich früher noch ein kleinerer, einst als „Grab der Königin" bezeichnet. Dieser wurde in den 1950er-Jahren von Archäologen des Naturhistorischen Museums in Wien ausgegraben. Die Keramik, die man zutage förderte, war so stark beschädigt, dass eine wissenschaftliche Auswertung nicht möglich war, nur wenige Objekte konnten restauriert werden. Früher gab es noch viele solcher

UNTERWEGS

MIT PLAN

STERNENWEG

Der Leeberg steht südwestlich der Ortschaft Großmugl. Man kann mit dem Auto fast ganz zufahren; schöner ist freilich der Spaziergang vom Ortszentrum herauf (Startpunkt: Hauptstraße 46). Neun Informationstafeln entlang dieses „Sternenwegs" laden zu eigenen Himmelsbeobachtungen ein. Unser Tipp: Kommen Sie zur Dämmerstunde, am Ende des 1,5 km langen Spaziergangs wartet nicht nur der Grabhügel, sondern auch die Sternenrast, wo Sie in der Wiese liegend einen prächtigen Nachthimmel genießen können. Warme Decken nicht vergessen.

sternenweg-grossmugl.at

~

STERNE BEOBACHTEN

Regelmäßige Sternenbeobachtungen veranstaltet die Kuffner Sternwarte in Zusammenarbeit mit der Gemeinde.

www.grossmugl.gv.at
www.kuffner-sternwarte.at

Hügel im Weinviertel. Heute sind wenige noch sichtbar, von anderen weiß man nur noch aus Luftbildaufnahmen.

Der große Mugl von Großmugl indes ist nicht zu übersehen. Er ist so präsent, dass man eine Zeit lang braucht, um zu begreifen: Das Ding da hat weit über 2000 Jahre am Buckel! Steht man direkt davor, berührt einen seine **MYSTISCHE AURA**, die sich zur Faszination weitet, betrachtet man die Umgebung: Wendet man der Ortschaft weiter drunten den Rücken zu, steht man vor einer prähistorisch anmutenden Ackerlandschaft, die aus der gleichen Zeit zu stammen scheint wie der Hügel. Nichts, aber wirklich nichts, erinnert ans Heute, noch nicht einmal ein Windrad ist zu sehen.

Weil das in der Nacht natürlich auch so ist, gilt der Leeberg als Treffpunkt von (Hobby)-Astronomen: Blickt man in den Nachthimmel, zeigt sich hier, nur 35 km Luftlinie von der Großstadt entfernt, die **MILCHSTRASSE** in großartiger Pracht. Man kann sich in lauen Nächten selbst auf den Weg machen oder einer **FÜHRUNG** zu Sternschnuppen, interessanten Konstellationen oder Kometen anschließen, auch finden auf der Wiese hier immer wieder Sternenfeste statt. Das Projekt „Sternenlichtoase in Großmugl an der Milchstraße" ist bei der UNESCO zur Aufnahme ins Welterbe eingereicht.

Weißt du,
wie viel Sternlein stehen?

Im Land hinter dem Grabhügel scheint die Zeit stillzustehen.

WEITERE TIPPS

ERLEBEN

Zu Fuß entschleunigen: Es sieht hier nicht bloß archaisch aus – es ist auch nicht wirklich viel los in und um Großmugl. Wer sich diese Entschleunigung mal so richtig geben mag, der wählt als Annäherung an den Grabhügel die Wanderung am Großmugler Panoramaweg (10 km, Startpunkt im Ortszentrum – Marienplatz). Dieser bietet Ausblicke bis zum Ötscher.

Auf dem Rad entschleunigen: Ein größerer Bogen lässt sich mit dem Rad ziehen: Die als „Leebergrunde" ausgeschilderte Tour führt auf einer Länge von rund 26 km mit Start/Ziel am Leeberg-Parkplatz durch diesen zeitverlorenen Landstrich.

Oben: Bringt bei Storchens eigentlich auch der Klapperstorch den Nachwuchs?
Unten: Lässt man einen Fluss in Ruhe, entstehen idyllische Aulandschaften.

WWF-AUENRESERVAT

Marchegg

AKTIVITÄT

NATUR

In der Kinderstube der Störche

„Land unter" heißt es jeden Frühling in den Marchauen. Das zieht eine illustre Vogelschar an, allen voran die prächtigen Weißstörche, die hier auf alten Bäumen brüten. Die berühmte Storchenkolonie im WWF-Auenreservat ist auch der Ausgangspunkt für Spaziergänge durch ein wahres Naturparadies.

Der Klapperstorch kennt kein Pardon. Gefühlte zehn Zentimeter segelt er über dem Kopf, der Flugwind setzt neue Akzente in der Frisur. Bei 40 Storchenpaaren, die in der Kolonie Marchegg alljährlich ihr Sommerquartier beziehen, kann es schon passieren, dass man irrtümlich in einer Anflugschneise steht und kurzerhand überflogen wird. Freilich ist das keine unangenehme Erfahrung, sondern im Gegenteil ein erhebendes Gefühl, wenn zwei Meter breite Schwingen nahezu lautlos über einen gleiten. Landet der Vogel dann mit einem eleganten Schwung im Nest – auf knorrigen, alten Eichen gegen Ende ihres Lebenszyklus –, gibt es zur Begrüßung ein familiäres Klapperkonzert. So kam der **WEISSSTORCH** zu seinem Spitznamen.

Im Frühling zieht er von Afrika nach Mitteleuropa, wo er brütet und seine Jungen aufzieht. Um genügend Energie für sich und seinen Nachwuchs für den langen Retourflug im Spätsommer zu haben, ist er auf reichlich Nahrung – Kaulquappen, Frösche, Insekten, Mäuse – angewiesen, die er nur in halbwegs intakten Feuchtgebieten in ausreichender Menge findet. Hier in den Marchauen schöpft er dabei aus dem Vollen, was auch ein Verdienst des Eisernen Vorhangs ist: Fast 40 Jahre verirrten sich in den Grenzstreifen kaum Menschen, die **NATUR BLIEB WEITGEHEND UNBERÜHRT** und durfte sich zu Landschaften entfalten, die heute in Mitteleuropa nur noch selten zu finden sind.

UNTERWEGS

MIT PLAN

DIE STORCHENKOLONIE
Die WG der Störche liegt direkt neben dem Schloss Marchegg, sie ist jederzeit öffentlich zugänglich.

Erste Anlaufstelle für Interessierte ist jedoch das Storchenhaus im Schloss, das Infozentrum für die Natur der Marchauen. Hier starten auch die Führungen zur Storchenkolonie. Öffnungszeiten Mitte März bis Nationalfeiertag, T +43 699 12680006

www.storchenhaus-marchegg.at

~

DAS WWF-AUENRESERVAT
Neben der Storchenkolonie starten auch die drei Rundwege durchs Auenreservat (2 bis 7 km lang). Jederzeit frei zugänglich, bei höherem Wasserstand jedoch Einschränkungen möglich.

www.wwf.at

Wer sagt, dass man für eine Safari nach Afrika fliegen muss?

Die Marchegger Storchenkolonie ist **SEIT 1890** nachgewiesen. Sie ist auch das Tor zum WWF-Auenreservat, wo die Natur auf rund 1120 Hektar besonders streng geschützt wird. Die Störche sind aber nur das plakative Aushängeschild: Die Auen bieten über 100 brütenden Vogelarten, darunter **SCHWARZSTORCH** und **SEEADLER**, Platz und zählen damit zu den vogelreichsten Gebieten Mitteleuropas. Aber auch die Säugetierpopulation kann sich sehen lassen, im Auwald finden sich beachtliche Bestände von **ROTHIRSCHEN, REHEN UND WILDSCHWEINEN** sowie natürlich **BIBER UND FISCHOTTER**. Auf den ersten Blick überraschend, grasen auf sumpfigen Lichtungen kleine Pferde. Robuste, wildnahe **KONIKPFERDE** aus Polen, die das Land offen halten und damit für abwechslungsreiche Lebensräume und dadurch noch mehr Artenvielfalt sorgen; ganz in der Tradition der großen Grasfresser aus grauer Vorzeit wie Auerochse oder Wildpferd. Das Weideprojekt wurde 2015 gestartet.

DREI RUNDWEGE erschließen die Welt der wilden Au. Es hat etwas Endzeitliches hier und gleichzeitig ist es vollkommen idyllisch: Baumgerippe ragen in den Himmel, Reiher landen laut krächzend im dicht belaubten Geäst daneben, eine leichte Brise sorgt für hintergründiges Rascheln. Das Wasser schimmert undurchdringlich grün, Seerosenblätter malen ihm rechts und links die Zierleiste. Morsches Holz unterbricht den ohnehin trägen Lauf des Altarms, sattgrüne Wasserpflanzen überwuchern die kreuz und quer liegenden Stämme. Kröten quaken irgendwo in der Halbaquatik und ab und an macht es Plopp. Maximale Weltentrückung in den Unteren Marchauen, näher an eine Urwald-Au wird man in Mitteleuropa kaum mehr kommen.

ANSCHAUEN

Natur im barocken Rahmen entdecken: Das barocke Schloss Marchegg wurde zur Landesaustellung 2022 aus seinem langen Dornröschenschlaf wach geküsst. Eine Ausstellung zu Mensch und Natur in den Marchauen ist seither in den wunderschön renovierten Räumlichkeiten zu besichtigen.

www.schloss.marchegg.at

GENIESSEN

Die Qual der Wahl haben: Würstel und Limo, Kaffee und Kuchen im Schlossbuffet Maywald direkt am Eingang zum Schlosspark oder klassische österreichische sowie Thai-Küche aus der Heimat der Küchenchefin im Schlossgasthof auf der anderen Seite der Parkmauer (Di, Mi Ruhetag, Hauptplatz 5)

www.schlossgasthof.eu

ERHOLEN

Ins kühle Nass springen: Am anderen Ende der kleinen (aber historisch höchst interessanten) Stadt Marchegg, nur durch den Damm von der March getrennt, liegt ein kleiner Badeteich mit Sandstrand. Jederzeit frei zugänglich.

Das im 13. Jahrhundert errichtete Schloss Marchegg war ursprünglich zur Verteidigung gegen die Ungarn gedacht.

Oben: Das Renaissanceschloss Dürnkrut
Unten: Gedenkstein zur großen Schlacht des Mittelalters

URZEITMUSEEN UND MARCHFELDSCHLACHT

Stillfried – Dürnkrut – Jedenspeigen

KULTUR GESCHICHTE

Zeitreise im Zeitraffer

Eine große Beschaulichkeit liegt über dem Land an der March, nichts ist laut, hektisch oder schrill. Das ist der passende Rahmen für einen Ausflug in die letzten 140 Millionen Jahre – bis zum lauten Knall vergleichsweise nahe der Gegenwart, der das geopolitische Schicksal Europas (bis heute) entschied.

In der Vitrine liegt ein einfaches, aber wunderschönes Schmuckstück aus edlem Material: ein Anhänger aus weißem Elfenbein. Wie, bitte, kommt denn das an die March, wurde in der Steinzeit tatsächlich schon mit Afrika Handel getrieben? „Das ist natürlich aus den Zähnen eines **MAMMUTS** gefertigt. Diese lebten ebenso wie Nashörner oder Rentiere in unseren damals dichten Wäldern und wurden von den altsteinzeitlichen Menschen gejagt", weiß Walpurga Antl-Weiser vom **URZEITMUSEUM** in **STILLFRIED**. „Diesen Schmuck haben wir in einer Ausgrabung ganz in der Nähe gefunden – er ist gut 30.000 Jahre alt." Antl-Weiser, die sich im Museumsverein engagiert, hat ihr berufliches Leben der Prähistorie im Naturhistorischen Museum in Wien gewidmet und selbst das eine oder andere Stück bei den Grabungen um Stillfried aus der Erde gezogen. Ein Teil der Funde, die den Bogen von der Altsteinzeit über die Bronze- und Eisenzeit bis zu den Römern spannen, ist im Museum ausgestellt. Während sich Laien für den riesigen Mammutzahn oder die Skelettgrube interessieren, geraten Profis an Steinspitzen oder verkohlten Getreideresten ins Debattieren.

Die Wissenschaftlerin fasst zusammen: „Die ununterbrochene Anwesenheit von Menschen seit der Altsteinzeit an der March ist belegt, der Fluss und die heute noch deutlichen Geländekanten boten Orientierung und Ausblick. Wichtig in einer Welt ohne Landkarten, Wegenetze und Nachrichtensendungen."

Das möchten wir mit eigenen Augen sehen und nehmen den Weg hinter dem Museum hinauf zur Kirche. Von hier aus breitet sich die Welt – fast wie zur Steinzeit –

UNTERWEGS
MIT PLAN

URZEITMUSEUM STILLFRIED
April bis Mitte Nov.
Mi, Sa, So, Fei
13.30–17.30 Uhr geöffnet

www.museumstillfried.at

~

SCHLOSSMUSEUM DÜRNKRUT
Paläontologische und archäologische Funde aus der Region, gegen Voranmeldung:

Herbert Preisl
T +43 2538 80726

~

SCHLOSS JEDENSPEIGEN
Ausstellung: „Die Schlacht auf dem Marchfeld 1278“, Mitte Mai bis Ende Okt., Sa 12–17, So, Fei 10–17 Uhr geöffnet.

www.jedenspeigen.at

vor uns aus: Direkt zu unseren Füßen fällt das Weinviertel abrupt ins Schwemmgebiet der March ab, die etwas weiter hinten die Grenze zur Slowakei zieht. Die Worte der Prähistorikerin lassen sich bei diesem Anblick vortrefflich nachvollziehen.

Nach wenigen Kilometern sind wir in Dürnkrut, wo wir mit Herbert Preisl verabredet sind. Er hält uns einen **SEEIGEL-STACHEL** unter die Nase, von ihm selbst geborgen und sage und schreibe 140 Millionen Jahre alt. Preisl ist Hobbypaläontologe, der mit sicherem Instinkt in der Region großartige Funde zutage befördert und sie im **SCHLOSS DÜRNKRUT** zeigt. Da sind etwa der gewaltige Unterkiefer eines zehn Millionen Jahre alten **URELEFANTEN**, das Fossil eines nach seinem Finder benannten **PAPAGEIENFISCHES** aus dem tropischen Urmeer oder **GERÖLLWERKZEUGE** des Homo erectus. „Die habe ich bei Zwerndorf ausgegraben. Sie wurden auf 800.000 Jahre datiert und sind somit die ältesten Zeugnisse menschlicher Anwesenheit in Österreich“, führt Preisl leidenschaftlich und mit viel Fachwissen durch seine Ausstellung.

Hobbypaläontologe Herbert Preisl und der Urelefantenkiefer

Wenn Geschichte zur spannenden Reise in die Vergangenheit wird

Für den letzten Tagespunkt lassen wir die Jahrtausende wieder hinter uns, beschleunigen die Zeitmaschine und kommen erst vergleichsweise knapp vor der Gegenwart zu einem Halt. Wir schwingen ab im **SCHLOSS JEDENSPEIGEN**, wo sich eine zeitgemäße Ausstellung (inklusive Animationsfilm) der großen **SCHLACHT AUF DEM MARCHFELD 1278** und ihren Hintergründen widmet. Damals setzte sich **RUDOLF VON HABSBURG** gegen seinen Widersacher Ottokar von Böhmen durch und zog damit eine Trennlinie, die bis heute besteht: hier Mitteleuropa, auf der anderen Seite der March der Osten.

Am Picknicktischerl neben dem großen Denkmal zwischen Dürnkrut und Jedenspeigen, welches das ehemalige Schlachtfeld markiert, beschließen wir die Reise zurück in der Zeit. Schwer zu glauben, dass ausgerechnet in diesem heute so ruhigen Winkel der Welt eine Entscheidung fiel, die bis auf uns und unsere Kinder nachwirkt.

Spaziergang in der Marchau

GENIESSEN

Sich stärken in historischem Ambiente: Kleine Snacks und das passende Tröpfchen dazu servieren die lokalen Winzer in der Vinothek im Schloss Jedenspeigen zu den Öffnungszeiten der Ausstellung.

EINKAUFEN

Souvenirs shoppen: Kunsthandwerkliche Schmuckstücke mit Anlehnung an die Urzeit finden Sie im Shop des Museums Stillfried.

ERLEBEN

Auf dem Auweg spazieren: Vom Bahnhof Stillfried führt ein netter Spaziergang durch die Au an die March, wo die Zeit so gemächlich zu fließen scheint wie der träge Fluss. Die 1,5 km lange Runde ist ausgeschildert als Auweg und führt auch an einem abgeschnittenen Altarm vorbei.

WEITERE T TIPPS

Oben: Die ruhige March eignet sich ideal für Kanu-Anfänger.
Unten: Vor dem Paddeln nur noch das Kanu zu Wasser lassen

KANUFAHRT AUF DER MARCH

Dürnkrut – Angern

AKTIVITÄT NATUR

Die Entdeckung der Stille

Die niederösterreichische Ostgrenze lässt sich von Norden bis zur Donau zur Gänze mit dem Kanu befahren. Speziell die 13 Flusskilometer auf der March von Dürnkrut nach Angern eignen sich perfekt, diese faszinierende Art des Reisens kennenzulernen.

Lautlos gleitet das Kanu durch eine Welt aus Grün. Höchst unpräzise ausgedrückt, denn die Farbe Grün präsentiert sich in einer unglaublichen Bandbreite – hier der silbrige Glanz der Weiden, dort das pastellige Pistazie der Wasserlinsen, drüben das satte Dunkel der Eschen. Jeder Baum, jeder Strauch, sämtliche Gräser, Sumpf- und Wasserpflanzen, sie alle tragen ihre eigenen Nuancen dazu bei. Mit sanfter Strömung zieht uns die March durch diese Symphonie aus Grün, die mit immer neuen Noten betört.

Mit Paddelschlägen durchbrechen wir die Stille. Es wird Zeit, einen Gang zuzulegen, schließlich liegen noch fast 13 Kilometer vor uns. Gemächlich paddeln wir uns in einen kontemplativen Takt, der Begriff **IDYLLE** scheint für dieses Szenerie erfunden worden zu sein. Schwer zu glauben, dass zur Zeit des Eisernen Vorhangs hier auf Menschen geschossen wurde, wenn sie vom linken, slowakischen Ufer ans rechte, österreichische zu gelangen versuchten. Heute sitzen Angler an beiden Ufern und winken uns zu, in Angern kreuzt eine Fähre den Fluss. Die Erinnerung an damals ist reichlich blass geworden.

Während wir zügig weiterpaddeln, erzählt Franz Frei vom Kanuverleih, wie er darauf kam, an der March Kanutouren anzubieten. Dazu holt er ein wenig aus: „Schon als Teenager wollte ich mir ein Kanu bauen. Als angehender Zimmermann hätte ich das auch gekonnt, aber das Geld fürs Material fehlte mir. Erst im zarten Alter von 46 Jahren fuhr ich das erste Mal in einem Kanu – mit einer Partie von Freunden auf der Moldau. Es hat sofort klick gemacht und ich war infiziert.“ Genau die Ruhe, die Gelassenheit,

UNTERWEGS

MIT PLAN

KANU FERL

Einsteigertour auf der March: Dürnkrut-Angern, ca. 3 Std., Juni bis Dez. jederzeit buchbar.

Treffpunkt in Angern, von dort Transport nach Dürnkrut und nach kurzer Einschulung begibt man sich mit dem Leihkanu auf Paddeltour. Weitere Touren auf der March sowie auf der Thaya, die sich noch etwas wilder und ursprünglicher zeigt, buchbar.

T +43 699 12939869
www.kanu-ferl.at

Die Welt aus der Froschperspektive

das Einswerden mit der Natur, was auch uns vom Start weg begeistert, hat ihn in seinen Bann gezogen. Zum Fünfziger bekam er ein Kanu geschenkt, kaufte bald ein zweites dazu, um mit seiner Familie Kanutouren zu unternehmen. „Das hat dann eine Eigendynamik entwickelt, zuerst habe ich Freunde mitgenommen, dann Bekannte und schlussendlich den Verleih aufgezogen. Seit 2014 biete ich Touren an der March an, ein hervorragendes **EINSTEIGERREVIER**", so Franz weiter.

Die March als langsam fließender Tieflandfluss lässt in der Tat kein mulmiges Gefühl aufkommen, nirgendwo sind Stromschnellen zu überwinden, Engstellen zu passieren oder Strudel zu befürchten. Auch das große Kanu gibt ein gutes Gefühl von Sicherheit, auf die Frage nach Schwimmwesten lacht Franz: „Das sind Wanderkanadier. Mit denen kannst du hier nicht kentern." Für Adrenalinjunkies ist dieser Ausflug also nichts, dafür umso mehr für **NATURLIEBHABER.** Im klaren Wasser sind Fische auszumachen, mit etwas Glück fliegt ein Seeadler oder Eisvogel durchs Bild. Falls nicht, gibt auch der Reiher eine schöne Figur ab, untermalt von lautem Krächzen. Spitz angenagte Bäume am Ufer zeugen von der Anwesenheit von Bibern, die Wahrscheinlichkeit auf eine Sichtung steigt mit zunehmender Abenddämmerung.

Uns lockt ein Sprung ins gar nicht kalte Wasser, besonders lustig ist es, sich hinter dem Boot mit der Strömung treiben zu lassen. An einer schönen Sandbank legen wir an und eröffnen das vorsorglich mitgebrachte Picknick. Sind nicht die einfachsten Dinge im Leben oft die Schönsten?

Windkraft meets fossile Energie

ERFAHREN

Energie lernen: Ein Stück landeinwärts von der March wirkt das Weinviertel wie ein großes Energie-Freiluftmuseum: Erdölförderpumpen und Windräder stehen Seite an Seite. Doch hier wird tatsächlich produziert. Das eigentliche Museum, der Erdöl- und Erdgaslehrpfad in Prottes, wirkt mit seinen Maschinenungetümen wiederum wie eine Kunstinstallation. Man kann sich hier in die Schautafeln vertiefen oder einfach den Kontrast zur schönen Natur auf sich wirken lassen; zudem wunderbare Aussicht bis zu den Karpaten am Schneiderkreuz.

Jederzeit öffentlich zugänglich, Startpunkt Hauptplatz 1, Prottes

GENIESSEN

Energie tanken: Paddeln macht hungrig, wir empfehlen daher zum Ausklang des Ausflugs die Einkehr in der Bärenstub'n in Matzen, wo man Herzhaftes in großen Portionen und ordentlicher Qualität serviert.

Do ab 16, Fr–Mo ab 11.15 Uhr geöffnet, Hauptstraße 21, Matzen, T +43 676 6969141 www.baerenstubn.at

Oben: Der Bahnhof von Asparn markiert den Umkehrpunkt.
Unten: Platz da, wir kommen!!!

WEINVIERTEL DRAISINE

Ernstbrunn – Asparn

ERFORSCHEN ERFAHREN

Familientipp

Ein Ausflug (wie) auf Schienen

Dem E-Bike-Boom zum Trotz: Das Schienenrad im Naturpark Leiser Berge kommt ohne Motor und sogar Gänge aus. Erstaunlicherweise ist die Fahrt dennoch kaum anstrengend, sondern vielmehr sehr unterhaltsam.

160 Kilogramm bringt das Draisinengefährt auf die Waage. Das macht satte 80 Kilogramm für jeden Radler, dazu noch das eigene Gewicht sowie gegebenenfalls das vom Rest der Familie, die es sich auf den Mitfahrsitzen bequem macht. Pfuh, das soll alleine mit Muskelkraft zu bewegen sein? Nicht fragen, sondern radeln meint dazu augenzwinkernd Peter Traxler, der heute die Einweisung übernommen hat. Tatsächlich: Der Antritt gelingt erstaunlich mühelos und flott nimmt die Draisine Fahrt auf. Schon sind wir unterwegs auf der ersten Etappe, ganz ohne Schweißperlen ziehen wir gemütlich durch die archaisch anmutende Landschaft aus Feldern, Wiesen und Wäldern. Im Hintergrund rückt die markante **RADARKUGEL** am Buschberg ins Bild, in die andere Richtung öffnet sich die Landschaft und gibt den Blick in die Weite des Weinviertels frei. Das Klackern der Räder auf den Schienen summt einen meditativen Takt. Fasane und Rebhühner sind auf den Äckern auszumachen, ein Häschen, das wir im Gebüsch am Rande aufgestöbert haben, hoppelt im Zickzackkurs gen Horizont.

Tiefenentspannt erreichen wir nach einer knappen Stunde die **GRAFENSULZALM**, den höchsten Punkt der Tour. Am Kiosk gönnen wir uns eine Erfrischung, Peter gesellt sich mit den Worten „Na, ging doch einfach, oder?“ zu uns. Er weiß natürlich auch, warum: „Der Rollwiderstand von Eisenrädern auf Eisenschienen ist sehr gering. Das erleichtert das Treten ungemein.“ Draisinen, so erfahren wir weiter, gibt es seit fast 200 Jahren, sie wurden ursprünglich als **HILFSMITTEL FÜR INSPEKTIONSFAHRTEN** erfunden. Dass wir heute hier ein lustiges Freizeitvergnügen finden, ist der Verdienst einiger engagierter „Verrückter“ (© Peter), die nicht zusehen wollten, wie die land-

UNTERWEGS

MIT PLAN

WEINVIERTEL DRAISINE

Vormittags Fahrt Ernstbrunn-Asparn/Zaya, nachmittags retour, für das steile Stück zwischen Asparn und Grafensulz kann man sich mit dem Schienentaxi anschieben lassen. Das Erlebnis ist buchbar in Teilstücken oder auf der vollen Länge hin und retour.

April, Mai, Okt. Sa, So, Fei, Juni, Sept. zusätzlich Fr, Juli, Aug. Do–So geöffnet

Abfahrt Ernstbrunn am Rübenplatz an der B40 Richtung Mistelbach

Abfahrt Asparn am Bahnhof, Bahnzeile 10, T +43 664 4476944

www.weinvierteldraisine.at

schaftlich so schöne Strecke zwischen Ernstbrunn und Asparn verschwindet. „Als ums Jahr 2000 klar war, die Bahnstrecke würde eingestellt, gründeten wir einen Verein und gingen auf die Suche nach einer Nachnutzungsmöglichkeit. Relativ bald kristallisierte sich das Projekt Fahrraddraisine heraus", berichtet der Mitinitiator des Angebots. „Damit fährt doch niemand, was soll denn das bringen" – man setzte sich über die Argumente vieler Einheimischer hinweg und behielt recht: Gleich von Beginn weg übertrafen die Passagierzahlen die Erwartungen.

Nun aber genug geplaudert, auf uns wartet der Höhepunkt der Fahrt, die **ABFAHRT** hinunter nach **ASPARN**. „Keine Angst: Die Draisine wird nicht schneller als maximal 35 km/h. Lasst laufen, dann fühlt ihr euch wie auf einer Sommerrodelbahn", gibt uns Peter Traxler beim Start noch mit. Danke für diesen Tipp, der uns fürs Erste ein wenig Überwindung kostet, nimmt das schwere Eisengefährt doch rasch Fahrt auf. Wir widerstehen dem Griff zur Bremse standhaft und kommen in den Genuss einer rasanten Talfahrt. Wir rauschen unterm Blätterdach des „Grünen Doms" durch, legen uns wie die Radprofis in die Kurven und jauchzen vergnügt. Das Kind in uns ist erwacht.

Eine etwas andere Radtour,
bei der man sich nicht verfahren kann

ERLEBEN

Begegnungen mit Wolf und Steinbock: Der Wildpark von Ernstbrunn beherbergt in artgerechten Gehegen neben heimischen Wildtieren wie Wildschwein, Mufflon und Steinbock auch noch alte Haustierrassen sowie, als absolutes Highlight, das Wolf Science Center mit seinen Timberwölfen und Haushunden. Bei speziellen Führungen bekommt man Einblick in die Wolfsforschung, der Besuch macht aber auch ohne Tour Spaß.

April bis Okt. Di–So, Fei,
im Winter So, Fei 9–17 Uhr geöffnet,
Dörfles, Ernstbrunn, T +43 2576 2785
www.wildpark-ernstbrunn.at

Begegnungen mit der Urzeit: Die Menschheit von der Urgeschichte bis ins Mittelalter – also schlappe 40.000 Jahre – wird im MAMUZ im Schloss Asparn in einer Erlebnisausstellung thematisiert. Am Freigelände wurde eine frühmittelalterliche Kirche mit Methoden der experimentellen Archäologie rekonstruiert.

Di–So 10–17 Uhr geöffnet,
Schlossgasse 1, Asparn/Zaya,
T +43 2572 20719, www.mamuz.at

WEITERE TIPPS

Nach rasanter Talfahrt von der Grafensulzalm rollt die Draisine gemütlich im Bahnhof Asparn aus.

Die Himbeerplantage der Hummels

BIOBEERENGARTEN HUMMEL

Loosdorf

Ein beeriges Vergnügen

Im Weinviertler Biobeerengarten ist die Himbeere der Star. Man kann sie selber pflücken, frisch aus dem Automaten ziehen oder zu Marmelade, Saft & Co. verarbeitet im Hofladen kaufen. Je nach Jahreszeit reifen bei Familie Hummel aber auch noch allerlei andere kleine Köstlichkeiten wie Ribisel, Heidelbeeren oder sogar Mini-Kiwis.

„Himbeeren selber pflücken" – von diesem Angebot profitieren beide Seiten: Der Himbeergärtner spart sich die Arbeit mit der Ernte, der Selbstpflücker bekommt frischeste Ware zum unschlagbaren Preis und kann daneben noch gratis vom sonnenwarmen Beerenglück naschen. Selbst Hand anzulegen, anstatt zum folienverschweißten Becher zu greifen, hat auch etwas Erdendes. Das Prinzip ist ja nicht ganz neu, wir kennen es vom Erdbeerfeld (oder auch vom Gladiolenacker), aber die köstliche Himbeere gibt's normalerweise nicht in dieser Variante.

Aber was heißt bei Familie Hummel schon normal? Bereits Mitte der 1980er-Jahre begann man der klassischen Schweinemast den Rücken zu kehren und sich nach Alternativen umzusehen. „Meine Schwiegereltern probierten allerhand aus und blieben schließlich bei den Himbeeren hängen", erzählt Katharina Schödl-Hummel. „Zunächst wurde der Hausgarten erweitert und dann später wurden die Felder angelegt, die heute das Herzstück unseres beerigen Angebots sind." Die erfrischende Beere wirkt mit ihren Mineralsalzen herrlich **DURSTLÖSCHEND**, nach der **CHINESISCHEN MEDIZIN** hat sie **KÜHLENDE WIRKUNG**. Wegen des darin enthaltenen Pektins wird ihr eine **DARMREGULIERENDE WIRKUNG** zugeschreiben. Verkauft werden die Früchte erntefrisch ab Hof, ein guter Teil der jeweiligen Ernte wird in der Familienküche zu Marmeladen, Saft oder Kompott respektive in kleinen Manufakturen zu Schokolade, Essig oder Edelbrand verarbeitet. Ausnahmslos in **BIOQUALITÄT**.

UNTERWEGS

MIT PLAN

BIOBEERENGARTEN HUMMEL
Hofladen Mo–Mi 13–18,
Do–Sa 9–12 und 13–18,
So 15–18 Uhr geöffnet

Himbeeren zum Selberpflücken Anfang August bis Mitte/Ende September (während der Öffnungszeiten)

Weinviertler Fruchterlebnis Juni bis Okt. jeden 1. So im Monat um 15 Uhr (1,5 Std.): Führung am Feld, Verkostung, Kaffee und Kuchen im Hofladen

Individuelle Exkursionen: mit Jausenpackerl und Audioguide aufs Feld (ca. 40 min), jederzeit während der Öffnungszeiten.

Loosdorf (im Weinviertel) 95,
T +43 676 4239060
www.biobeerengarten.at

Tipp: Der Himbeersturm ist eine geschmackliche Sensation!

Welch Genuss:
sonnenwarme Himbeeren

Längst sind es freilich nicht mehr nur Himbeeren, die bei den Hummels für wohligen Duft aus der Küche sorgen, mittlerweile werden auch noch **HEIDELBEEREN, PHYSALIS, RIBISEL, MINI-KIWIS, GOJIBEEREN** und **TAFELTRAUBEN** kultiviert und in vielfältiger Form an Frau und Mann gebracht. Habe ich das jetzt richtig verstanden, Kiwis? Katharina Schödl-Hummel lacht: „Ja, wir sind eben eine sehr experimentierfreudige Familie. Meine Schwiegereltern bekamen vor rund 30 Jahren von einem Münchner Professor Kiwipflanzen geschenkt. Da haben sie gleich einmal einen halben Hektar ausgepflanzt – und weil sie dann tatsächlich so guten Er-

WEITERE TIPPS

ERLEBEN

Klein, aber schräg: Der Bauernweiler Loosdorf überrascht mit „Kunst im öffentlichen Raum“: Mehr als ein Dutzend moderne Skulpturen – vom (funktionierenden und von Radlern gerne genützten) Open-Air-Badezimmer bis zur Rio Christo Statue – fallen beim Spaziergang auf oder werden gezielt am Skulpturenwanderweg angesteuert (3,5 km, 1 Std., ab/bis Hofladen).

EINPACKEN

Kleine Jause: Schräg gegenüber vom Hofladen der Hummels können Sie an der Selbstbedienungsstation vom Ziegenhof Klampfl noch Käse- und Milchprodukte von der Ziege kaufen.

trag brachten, wurde die Anbaufläche verdoppelt. Von dieser Plantage ernten wir heute noch." Es handelt sich dabei um Mini-Kiwis, die Zuchtform einer Wildart, die ihren Ursprung hoch im Norden zwischen Sibirien und der Mongolei hat, weswegen Winterfröste für sie kein Problem darstellen. Im Geschmack erinnern sie an herkömmliche Kiwis, sind allerdings süßer und intensiver im Aroma.

Als neuesten Neuzugang präsentiert die Managerin des Familienbetriebs die **KANADISCHE FELSENBIRNE**, die **SASKATOON:** „Dunkle Früchte liegen im Trend. Und weil es wieder Zeit für etwas Neues ist, haben wir uns dafür entschieden. Wir haben sie selbst noch gar nicht gekostet, es heißt, sie schmecken leicht säuerlich mit einem Hauch Kirsch- und Mandelton." Drei Jahre wird es nun dauern, bis die frisch gesetzten Sträucher erstmals Früchte tragen – 2025 wird sich das Geheimnis ihres Geschmacks im Weinviertel also lüften.

Süße Köstlichkeiten
mit bestem Gewissen naschen

Die guten ins Körbchen – und ab und zu eine Handvoll ins Mäulchen

Psst! Im Silent Spa der Therme Laa ist der Name Programm.

NIEDERÖSTERREICH SPONTAN

BEI SCHLECHTWETTER

Lassen Sie sich die gute Laune nicht vom Regen vermiesen, bleiben Sie mit unseren fünf Tipps fröhlich im Trockenen.

1 KARIKATURMUSEUM KREMS

Was hilft am besten gegen miese Laune bei trübem Wetter? Lachen natürlich! Das werden Sie sich im Karikaturmuseum fix nicht verkneifen können. Es ist den Genres politische Karikatur, humoristische Zeichnung, Comic und Illustration gewidmet. (→ Seite 175)

Tgl. geöffnet, Museumsplatz 3, Krems.
www.karikaturmuseum.at

2 AMETHYSTWELT MAISSAU

Oberhalb einer gigantischen Amethystader, die im Rahmen von Führungen zugänglich ist, hat man die Erlebniswelt errichtet. Hier gibt es allerlei rund um edle Steine zu sehen und zu erleben, etwa selbst schürfen oder Gold waschen.

Feb. Sa, So, März Fr–So,
April bis Dez. tgl. geöffnet,
Horner Straße 36, Maissau.
www.amethystwelt.at

3 MUSEUM NIEDERÖSTERREICH

Geschichte einmal anders – es geht nicht um Jahreszahlen, sondern um Themen; so geht man etwa der Frage nach, wie das Zusammengehörigkeitsgefühl von Menschen entsteht. Im Haus der Natur unterm gleichen Dach sind einheimische Tiere in Aquarien und Terrarien zu bestaunen.

Di–So, Fei geöffnet,
Kulturbezirk 5, St. Pölten.
www.museumnoe.at

4 FOSSILIENWELT WEINVIERTEL

Das Herzstück der Fossilienwelt ist ein echtes urzeitliches Austernriff! Eine Multimediashow versetzt Sie zurück in die Zeit, als hier das tropische Urmeer wogte – die Reise bringt Sie 17 Millionen Jahre in die Vergangenheit.

Di–So geöffnet,
Austernplatz 1, Stetten.
www.fossilienwelt.at

5 THERME LAA

Die Therme für alle Lebenslagen: Während Familien in der Kinderwelt Spaß haben, finden Bewegungshungrige beim Yoga und Ruhebedürftige im Silent Spa ihr Pläsier.

Tgl. geöffnet,
Thermenplatz 1, Laa an der Thaya.
www.therme-laa.at

Info
Waldviertel Tourismus,
www.waldviertel.at

Spontan MIT PLAN

WALDVIERTEL

Hachmach, rein ins kühle Nass! Das Waldviertel ist zwar für sein raues Klima bekannt, doch seine Sommer sind sonnig, heiß und von einer Intensität, die man in tieferen Lagen so nicht kennt: In den wenigen wirklich warmen Wochen, die der Natur hier zur Verfügung stehen, entfaltet die Natur eine unglaubliche Fülle, lässt Holler neben Rosen, Lavendel neben Mohn in voller Blüte stehen.

Die Topografie des Waldviertels ist sanft, es ist Teil eines Gebirgsmassivs, das lange vor den Alpen entstanden war – und heute bereits bis auf seinen kristallinen Rumpf abgeschliffen ist. Hügelige Weiten, verwitterte Granitformationen, dunkle Wälder, tiefgründige Moore, Fischteiche und klare Seen sind nunmehr die Protagonisten.

Mitten in dieser skandinavisch anmutenden Natur finden sich die typischen Vertreter historischer Grenzregionen: wehrhafte Burgen, festungsartige Schlösser und ummauerte Städte. Sie können sich hier also ein wunderbares Tagesprogramm aus Besichtigungen, sportlicher Aktivität und Badevergnügen zusammenstellen.

Oben: Das alte Refugium des Meisters
Unten: Der inspirierende Kamp

NATURJUWEL OBERES KAMPTAL

Dorfmuseum Roiten

ERLEBEN ENTDECKEN

Hundert Wasser und ein Fluss

Die urtümliche Flusslandschaft des Kamps im tiefsten Waldviertel war dem österreichischen Maler, Grafiker und Architekten Friedensreich Hundertwasser ein Ort der Inspiration. In Roiten wandeln wir auf seinen Spuren und bekommen als Draufgabe die Welt der Uroma ebenso präsentiert wie das Gedächtnis des Wassers.

Knallbunt verflieste Säulchen, hier gewölbt, da verschlankt, tragen die Arkaden des blau getünchten Hauses, auf dem am Dach Goldkugeln und Gras sprießen. Der Zierrat im kleinen Waldviertler Ort Roiten trägt die unverkennbare Handschrift **FRIEDENSREICH HUNDERTWASSERS**. Aber wie um Himmels Willen konnte sich ein winziges Dorf den weltbekannten Künstler für sein kleines **VOLKSKULTURMUSEUM** leisten? Hermann Neulinger, damals treibende Kraft hinter dem Projekt: „Sie müssen wissen: Hundertwasser hat in unserer Gegend jahrzehntelang immer wieder gelebt und gearbeitet und sich sehr für Lokales interessiert." So hat er recht begeistert Pläne für den Umbau des ehemaligen Kühlhauses beigesteuert, in dessen geräumigem Dachgeschoß sich heute das Dorfmuseum altem Handwerk und vergangener Alltagskultur widmet.

Ihm gilt der erste Besuch, es dauert seine Zeit, bis das Auge zur Ruhe kommt. Hier die **DREHBANK** eines Spazierstockdrechslers, drüben eine **PUTZMÜHLE** zur Trennung der Spreu vom Weizen, dort ein **WÄSCHESTAMPFER** mit Rumpel, der Vorläufer unserer Waschmaschine. Tausend und ein große und kleine Stücke hat man aus jenen Zeiten herübergerettet, als die Welt noch rein analog funktionierte. Beim Rundgang mischt sich nostalgische Sehnsucht mit der tiefen Erleichterung, im Smartphone-Zeitalter zu leben.

Im Gebäude daneben sind **GRELLFARBIGE, ABSTRAKTE, KONTRASTREICHE BILDER** ausgestellt. Sie wirken wie dekorative Computergrafiken – sind aber, man höre und staune, Fotos von verschiedenen Wässern. Es ist das Werk des in Zwettl geborenen (und 2018

UNTERWEGS

MIT PLAN

DORFMUSEUM ROITEN

Mai bis Sept., Fr–So 14–17.30 Uhr geöffnet sowie gegen Voranmeldung unter

T +43 2828 5816
Roiten 62
www.dorfmuseum-roiten.at

~

OBERES KAMPTAL

Gleich am Dorfmuseum beginnt der Einstieg in die auf weiten Teilen nur durch einen schmalen Fußweg erschlossene Flusslandschaft Oberes Kamptal – nach rund drei Kilometern erreicht man auf relativ ebenem Weg die Hahnsäge, die alte Künstlerkate. Es lohnt sich, den Spaziergang noch rund eineinhalb Kilometer zu verlängern, der folgende wildromantische Abschnitt am Kamp ist traumhaft naturbelassen und lädt an heißen Tagen zu Badefreuden. Umkehrpunkt ist an der Holzbrücke bei Utissenbach (noch vor der Asphaltstraße).

Wo, bitte, ist die nächste Fee?

verstorbenen) Künstlers **GÜNTER SCHÖN**, der fasziniert vom nassen Element war. Er sprach vom **GEDÄCHTNIS DES WASSERS**, das er in seinen Bildern zum Vorschein bringt. Dazu fror er Wasserproben ein und lichtete die entstandenen Kristalle ab. Je nach Ort der Wasserentnahme sind Hinweise auf die Lokalität zu entdecken. Klingt esoterisch? Ist trotzdem spannend – noch dazu hier, an den Ufern des großartigen Kamps.

Bevor es allerdings endgültig raus in die Natur geht, noch rasch ein Blick auf die zweite Ausstellung in diesem Gebäude – eine **DOKUMENTATION ÜBER DAS LEBEN HUNDERTWASSERS** in Roiten mit Fotos, Dokumenten, Zeitungsartikeln und Nachdrucken einiger seiner Werke.

Anschließend führt der Weg direkt vom Museum den Kamp entlang flussaufwärts zur **ALTEN HAHNSÄGE**, einer kleinen Kate, die Hundertwasser 1962 kaufte und im Laufe der nächsten dreißig Jahre immer wieder für längere Aufenthalte nützte. Mehr als 40 seiner Bilder entstanden in diesem Wohnatelier, die bunte Fassade wurde allerdings erst nach seinem Tod angebracht. Die Hütte ist versperrt, die Faszination dieses Refugiums ergibt sich gänzlich aus der **URTÜMLICHEN NATUR** ringsum. Gleich vor der Haustür rauscht der Fluss wild und ungezähmt über gewaltige Granitbuckel durch eine **SKANDINAVISCH ANMUTENDE WALDLANDSCHAFT**. Fällt der Wasserstand im Sommer, kommen moosbewachsene Steine, sandige Inseln und Ufer zum Vorschein, die sonst vom moorig-roten Kamp überflutet sind. Dieser geradezu märchenhafte Wald beflügelt selbst weniger kreativen Köpfen die Fantasie. War da nicht gerade ein Elf zu sehen?

Zwettler Stadtbrunnen

ANSCHAUEN

Die Bezirkshauptstadt erkunden: Zwettl liegt am Ausgang des Oberen Kamptals. Im historischen Zentrum läuft man sich die Füße nicht wund, das meiste Leben spielt sich auf den wenigen Metern zwischen Dreifaltigkeits-, Sparkassen- und Hauptplatz ab, die ineinander übergehen. Der Hundertwasserbrunnen am Ende setzt uns den roten Faden zu Roiten fort, in die andere Richtung lädt das Gasthaus zur Goldenen Rose zur Einkehr.

ESSEN

Waldviertlerisch speisen: Im Gasthaus zur Goldenen Rose isst man vorzüglich, der Gastgarten ist wunderbar, shout out für den gebackenen Karpfen. Mi Ruhetag, Dreifaltigkeitsplatz 3, T +43 2822 20500.

www.goldene-rose.at

WEITERE T TIPPS

Oben: Geduckte Häuser im Zentrum von Drosendorf
Unten: Teilweise im ehemaligen Wassergraben verläuft der Stadtmauerspaziergang.

STADTMAUERSTADT

Drosendorf

ERLEBEN ENTDECKEN

Sommerfrische an der Thaya

Das historische Kleinod Drosendorf begeistert gleich mehrfach: mit dramatischer Lage, großer Geschichte und beschaulicher Nostalgie. Herrliche Badeplätze an der Thaya lassen den Ausflug hierher rundum gelingen.

Die erste Annäherung an die Stadt ist verwirrend – wo genau geht es denn nun ins historische Zentrum? Hier lang, oder doch da, oder eher drüben abbiegen? Das hat mit ihrer besonderen Lage zu tun, denn Drosendorf liegt auf einem **FELSSPORN** hoch über der Thaya, die diesen in einer schützenden Schlinge umfließt. Zudem ist der Stadtkern von der einzigen noch zur Gänze erhaltenen **STADTMAUER** Österreichs umgeben, die nur an zwei Stellen durchlässig ist. Diese muss man erst einmal finden – Tipp: Die Schilder „Altstadt-Drosendorf" führen in die Irre, genauer gesagt in einen Gemeindeteil am Fuße des Felsens, der nichts mit unserem Ausflug zu tun hat.

Ist dann der Weg durchs **HORNER TOR** oder **RAABSER TOR** endlich gefunden, setzt man sich am besten auf eine Bank am Grünstreifen in der Mitte des als lang gezogenes Dreieck angelegten Hauptplatzes und lässt das **CHARMANTE ENSEMBLE** auf sich wirken. Es besticht durch seine harmonische Geschlossenheit, zwischen die einzelnen, niedrigen Häuser, die teils wunderschöne, geschwungene Giebel tragen, passt kein Löschblatt.

Die schönsten Häuser sind an der **OSTSEITE** zu finden, wo der Platz sich weitet. Markant sticht das **RATHAUS** mit seinen nicht gar so alten Sgraffitomalereien (1933) ins Auge, daneben das sogenannte **BERGAMTSHAUS** mit seinen beiden wuchtigen Türmen. Gegenüber dankt die opulente barocke **PESTSÄULE** dafür, im 18. Jahrhundert von der Seuche verschont worden zu sein. Ein paar Meter weiter ragt die **ROLANDSÄULE** acht Meter hoch empor, **EINER DER HÖCHSTEN PRANGER MITTELEUROPAS**.

Im heute so verschlafenen Städtchen wurde große Geschichte geschrieben, ganz große nämlich: 1278 verzettelte sich **KÖNIG**

UNTERWEGS

MIT PLAN

TOURISMUSINFO DROSENDORF

Material über Drosendorf liegt im Holzpavillon am Hauptplatz auf. Mehr Infos im Gemeindeamt, Hauptplatz 1, T +43 2915 2213

www.drosendorf.at

~

STADTBESICHTIGUNG

Der Themenweg entlang der Stadtmauer ist jederzeit frei zugänglich und erstreckt sich über zwei Kilometer. Stadtführungen Mai bis Okt. Sa, So, Fei um 11.05 Uhr, Treffpunkt Kreisverkehr Richtung Horner Tor.

~

BADEVERGNÜGEN À LA EINST

Das nostalgische Strandbad (Badstraße 25) ist Juni bis Aug. tgl. geöffnet. Jederzeit frei zugänglich ist der Altstadt-Badeplatz am Nordostende von Drosendorf – mit Holzkabinen, Liegewiese und einem malerischen Stillwasserbereich.

OTTOKAR VON BÖHMEN hier ganze 16 Tage lang mit einer Belagerung – er wollte die Stadt einnehmen, was ihm allerdings aufgrund der eingangs beschriebenen Lage nicht gelang. Das brachte **RUDOLF VON HABSBURG** den nötigen Vorsprung, die große Schlacht im Marchfeld gründlich vorzubereiten; sein Sieg über den zu spät kommenden Ottokar festigte die Macht der Habsburger in Europa. Als Dank wurde Drosendorf zur „**KAISERLICHEN STADT**" ernannt. Das zur Herrschaft passende **SCHLOSS** findet sich ein wenig versteckt ums Eck vom Hauptplatz. Der wuchtige Renaissancebau auf Fundamenten aus dem Mittelalter beherbergt heute ein Schlosshotel.

Durchs Horner Tor gelangt man an die Außenseite der Stadtmauer. Eine **PROMENADE** führt einmal rundherum, gesäumt von den prächtigen Gärten der alten Bürgerhäuser, unterhalb rauscht die Thaya. Der Pfad ist als **THEMENWEG** gestaltet, er widmet sich der Sommerfrische von anno dazumal. Spielstationen wie früher, Hänge-

WEITERE TIPPS

GENIESSEN

Gasthof Failler „Zum Goldenen Lamm": der Place-to-be bei alteingesessenen Sommerfrischlern. Der hübsche Gastgarten zieht sich bis zur Stadtmauer, aus der Küche kommen bodenständige Gerichte, raffiniert verfeinert. Mo Ruhetag, Hauptplatz 27, T +43 2915 2327.

gasthof-failler.at

matten und lauschige Ruheplätze laden ein auf eine nostalgische Zeitreise, die in dieser Beschaulichkeit auch vortrefflich gelingt. Infotafeln geben Einblick in die verlorene Welt, als es mittelständische Familien aus Wien, Brünn oder Graz zur sommerlichen Auszeit in den hohen Norden Niederösterreichs zog.

Ein Anziehungspunkt waren bereits anno dazumal die kühlen Fluten der Thaya. So entstanden einige Badeanstalten. Wie sich das damals angefühlt haben mag, lässt sich heute im **STRANDBAD** nachspüren, dessen Pavillon aus 1929 an heißen Tagen noch diesen typischen Geruch alten Holzes verströmt. Die gepflegte Liegewiese wird von Erlen beschattet, eine wackelige Stiege führt ins dunkelblaue Thayawasser. Gegenüber erhebt sich ein dschungelartig bewachsener Felsen, an dem man sich in der sachten Strömung vorbeitreiben lassen kann. So muss Stadtbesichtigung sein!

DIE Location für einen romantischen Ausflug in trauter Zweisamkeit

Wie damals: Am Altstadt-Badeplatz

Oben: Der beeindruckende Lohnbachfall
Unten: Meister Petz in seinem Wald

BÄRENWALD – LOHNBACHFALL

Arbesbach

ERLEBEN ENTDECKEN

Familientipp

Im Hochland: Bären, Burgen und ein wilder Bach

„Wo wir sind, ist oben" – dieser Slogan von Waldviertel Tourismus trifft auf Arbesbach ganz besonders zu, liegt man doch hier auf satten 849 m Seehöhe. In und um den kleinen Marktflecken trifft man auf einige typische Waldviertler wie Burgen, Granitsteine oder mystische Bachläufe. Hier fühlen sich auch Bären wohl.

„Och schau mal, wie putzig." Die riesigen Braunbärtatzen klammern sich erstaunlich geschickt um ein Rohr, das mit Futter gefüllt ist. Hingebungsvoll saugt Bär **ERICH** die Leckereien mit seiner Schnauze heraus. Er sitzt am Waldrand im saftigen Gras und lässt sich von den Besuchern nicht stören, die ihm in angemessener Entfernung beim Naschen zusehen. Ein Stück weiter drüben nimmt der **ALTE TOM** genüsslich ein Bad. Es ist eine wahre Bärenidylle, die man da im **ARBESBACHER BÄRENSCHUTZWALD** zu sehen bekommt – wenngleich der Hintergrund ein sehr ernster, ja trauriger ist: Viele Bären, vor allem in Osteuropa, die als Zirkus- und Tanzbären der Belustigung dienen, fristen in Käfigen und an Ketten ein tristes Leben in Gefangenschaft. Die **TIERSCHUTZORGANISATION VIER PFOTEN** bemüht sich um solche Bären, denen sie in mehreren Schutzzentren eine neue Heimat bietet. Wie eben im Bärenwald von Arbesbach, wo wir vor einer klassischen Win-win-Situation stehen: Die Bären hier dürfen endlich artgerecht leben und die Besucher, allen voran die Kinder, erfreuen sich an den drolligen Gesellen. Reichlich Informationen über Bären, großartig gestaltete Spielbereiche, die Bezug zum Bärenleben haben, sowie der tolle Souvenirshop sorgen dafür, dass man hier deutlich mehr Zeit verbringt, als man ursprünglich dachte.

Irgendwann muss man sich aber dann doch loseisen, denn es gibt in Arbesbach noch einiges mehr zu entdecken. Im Ort selbst

UNTERWEGS

MIT PLAN

BÄRENWALD ARBESBACH
Ende März bis Okt. tgl. geöffnet, Schönfeld 18, Arbesbach

www.baerenwald.at

~

RUINE ARBESBACH
Der Schlüssel zur Ruine ist in der Café-Bäckerei Huber am Fuße des Burghügels erhältlich.

(tgl. geöffnet, Kuenringerstraße 27 www.huber-baecker.at)

~

LOHNBACHFALL
Am besten auf einer kurzen Runde erwandern (4,2 km, ca. 1:30 Std.) ab/bis Infotafel beim ehemaligen Gasthaus Gschwantner in Lohn (Lohn 20, Schönbach). Der Weg ist bestens markiert, Trittsicherheit Voraussetzung, gutes Schuhwerk erforderlich! Jederzeit frei zugänglich.

Warum die Ruine wohl „Stockzahn" genannt wird?

fällt zunächst die Ruine auf, die auf einem Granitfelsen markant über dem Geschehen wacht – man nennt sie auch Stockzahn des Waldviertels; bei ihrem Anblick wird rasch klar, warum. Es handelt sich um eine alte **KUENRINGERFESTUNG**, die als Bollwerk gegen die im Norden beheimateten Slawen errichtet wurde – wie so viele der Burgen im hohen Nordwesten Niederösterreichs. Von ihrer Aussichtsplattform hat man einen **360-GRAD-PANORAMABLICK**, der an klaren Tagen im Süden in den Alpen hängen bleibt. In der Nähe blickt man auf dichte Wälder durchsetzt von saftigen Wiesen, bei näherer Betrachtung sind einzelne Granitblöcke auszumachen und Wasserläufe zu erahnen.

Diese Versatzstücke der Landschaft wollen wir uns im Detail ansehen, unser nächstes Ziel heißt daher **LOHNBACHFALL**. Nach einem kurzen Spaziergang erreichen wir die dramatische Schlucht, die der unscheinbare Bach über die Jahrtausende ins harte Granitgestein gefräst hat. Über Holzstege und -stiegen steigen wir flussaufwärts, das stetige Rauschen des Wassers im Ohr. An einigen Stellen donnert das Wasser über wuchtige Steilstufen im Gelände, ganz besonders eindrucksvoll zeigt sich der Lohnbach nach starken Regenfällen und zur Zeit der Schneeschmelze. Uralte Baumriesen, mächtige Granittürme, feucht triefendes Moos und fedrige Farne ziehen uns in ihren Bann. Der Lohnbachfall ist wirklich ein lohnender Fall!

Auf kurzen Wegen von einem Höhepunkt zum nächsten

WEITERE T TIPPS

ANSCHAUEN

Eine intakte Kuenringerfestung besichtigen: Hier empfiehlt sich ein Besuch der nahen Burg Rappottenstein. Führungen Mitte April bis Juni, Okt., Sa, So, Fei 11, 12, 14 und 15 Uhr, Juli bis Sept. Di–So 11, 12, 14, 15 und 16 Uhr.

www.burg-rappottenstein.at

STAUNEN

Beim Wandern Kunst entdecken: Wo Sie nach etwas mehr als einem Kilometer auf der Lohnfallrunde nach links zur Schlucht abbiegen, fallen allerlei schräge Dinge auf. Es sind die Skulpturen des lokalen Künstlers Helmuth Hammel, die sich da auf der grünen Wiese verteilen. Keine Scheu, treten Sie ein: Das Gelände ist jederzeit frei zugänglich.

www.kunst-zwingt-rost.at

ABKÜHLEN

Herrlich baden: Schöner Naturbadeteich in Arbesbach. Ausgeschildert, jederzeit frei zugänglich.

GENIESSEN

Kleine und große Küche genießen: Am Eingang zum Bärenwald wird man beim Kiosk mit Kleinigkeiten versorgt, gleich daneben liegt der Gasthof Kolm, Wirtshaus und Haubenrestaurant in einem. Sept. bis Juni Mo, Di geschl. Unbedingt reservieren: T +43 2813 242.

kolm.restaurant

~

Regionale Köstlichkeiten probieren: Unprätentiöse regionale Küche gibt's im Gasthof Seidl, direkt am Weg von Arbesbach zum Lohnbachfall. Mi bis Sa, Pretrobruck 17.

www.gasthofseidl.at

Oben: Naturbadeplatz an der Thaya
Unten: Der Kleine Perlmuttfalter in Van Gogh'scher Farbpracht

WALDRAPP-VOLIERE – NATURPARK DOBERSBERG

Waidhofen – Thaya

ERFORSCHEN
ERFAHREN

Familientipp

Schräge Vögel und schillernde Schmetterlinge

Vögel, denen die Haare zu Berge stehen, am Vormittag. Myriaden von Schmetterlingen und ein herrliches Flussbad am Nachmittag. Dazwischen nehmen wir das Rad. So gelingt ein abwechslungsreicher Ausflug an der Thaya perfekt.

„Sag mal, wie siehst du denn aus? Frisier dich g'scheit!", riefe man seinem lieben Nachwuchs wohl zu, wenn er so am Frühstückstisch erschiene – mit Haarbüscheln, die kreuz und quer vom Kopf abstehen. Die Kinder freilich johlen begeistert: Der schwarze Vogel gefällt ihnen. Der **WALDRAPP** ist zweifelsohne eine bemerkenswerte Erscheinung mit seinem langen roten Schnabel und dem wenig aparten Gesicht, der trotz seines schrägen Aussehens würdevoll umherschreitet. Dazu tönt er lautstark „chrupp-chrupp", und das sogar im Chor, wenn das Futter naht.

Der Punker unter den Vögeln gehört zur Familie der Ibisse und war einst auch in Mitteleuropa weit verbreitet – bis man ihn durch intensive Bejagung ausgerottet hat. Die letzte Wildkolonie liegt heute in Marokko, mehrere europäische Initiativen bemühen sich um Zucht und Auswilderung. Federführend sind hier unter anderem die Konrad Lorenz Forschungsstelle in Grünau in Almtal sowie der Tiergarten Schönbrunn, denen die **WALDRAPP-VOLIERE** in Waidhofen an der Thaya ein wichtiger Partner ist. „Bei Bedarf liefern wir Jungvögel etwa für Freiflugprojekte, es gibt bei uns jedes Jahr reichlich Nachwuchs", sagt dazu Werner Neubauer, Obmann des Vereins Waldrapp Initiative. „Rund 55 Vögel sind in unserer Voliere zu Hause." Das hiesige Waldrapp-Projekt entstand durch einen Ideenwettbewerb der Gemeinde Waidhofen an der Thaya mit dem Ziel, eine touristische Attraktion zu schaffen. Wir finden: Intention erreicht, die Voliere ist wirklich sehr gelungen.

UNTERWEGS

MIT PLAN

WALDRAPP-VOLIERE

Mo bis Do, 8.30–11 und 13–15.30, Fr 8.30–11 Uhr, Sa, So, Fei sowie Mitte bis Ende Juli nach Vereinbarung geöffnet. Möglichkeit zur Fütterung und Fotoshooting mit den Waldis. Ziegengeiststraße, T +43 664 9493929

www.waldrapp.at

~

VON WAIDHOFEN NACH DOBERSBERG

Der 2017 eröffnete Radweg „Thayarunde" verläuft weitgehend abseits großer Straßen, die Strecke von Waidhofen nach Dobersberg ist Teil der Etappe drei. Sie brauchen die Räder noch nicht mal selbst mitzunehmen, E-Bike-Verleih gibt's direkt am Hauptplatz im Stadthotel, weiters im Radgeschäft Kreil (Heidenreichsteinerstraße 12) und bei Fliesen Lauter (Johannes-Gutenberg-Straße 6). Alternativ können Sie natürlich auch mit dem Auto über die Straße fahren.

www.thayarunde.eu

~

NATURPARK DOBERSBERG

Der wunderbare Naturbadeplatz liegt wenige Meter nördlich des Aufstiegs zur Kirche direkt am Radweg.

www.naturparkdobersberg.at

Immer leicht zerzaust: der Waldrapp

Nach dem Besuch der schrägen Vögel schwingen wir uns auf die Räder und fahren ins gut 14 km entfernte **DOBERSBERG.** Die einfache Strecke verläuft großteils entlang einer ehemaligen Bahntrasse mit der Thaya als Begleiter. Im Naturpark Dobersberg kommen wir zu einem Halt. Wir steigen hinauf zur Kirche und beginnen die Tour am **SCHMETTERLINGSPFAD.** Dieser rund 4,8 km lange Rundweg, versehen mit superinformativen Tafeln, führt vorbei am Wildgehege mit seinen Damhirschen, Schafen und Ziegen hinunter zu den **THAYAWIESEN.** Hier geben sich die bunten Falter ein munteres Stelldichein, das Schauspiel ist hinreißend. Die üppige Natur ringsum tut ihr Übriges, dass man hier gar nicht mehr weg mag. Andererseits lockt noch der krönende Abschluss der Radtour: die herrlichen Fluten der Thaya, in die wir uns im nahen **NATURBAD** schmeißen.

Große Naturkunde an der Thaya mit Abschlussbad

Die Thaya im Naturpark Dobersberg

WEITERE TIPPS

ENERGIE AUFLADEN

Die Arena Geomantica, ebenfalls am Gelände des Naturparks, ist ein Ort der Kraft, der Meditation und Begegnung mit den Energien der Erde. 16 Steine sind zu einem großen Kreis gesetzt, eine rechtsdrehende siebengängige Steinspirale mit einer Länge von 400 Metern führt zum Mittelpunkt mit Steinplatte und Sitzstein und stark aufladender Energie. So weit die Theorie der Geomanten. Probieren Sie es aus, es ist in jedem Fall ein schöner Platz – vom Schmetterlingslehrpfad an der Schmetterlingsskulptur nach links und dann den nächsten Weg nach rechts (ca. 350 m / 5 Min.).

GENIESSEN

Im Landgasthof Streicher, ursprünglich als Pferdestall neben dem Schloss errichtet, serviert man seit weit mehr als hundert Jahren solide Wirtshausküche. Der Gasthof liegt am Weg von Waidhofen nach Dobersberg. Mo, Di Ruhetag, Vestenötting 27.

www.landgasthof-streicher.at

Oben: Die alte Ritterburg ist von einem Wassergraben umgeben.
Unten: Am Holzsteg lässt es sich sicher ins Moor stapfen.

BURG UND NATURPARK

Heidenreichstein

ERLEBEN ENTDECKEN

Familientipp

Zwei Waldviertler Originale

Ein Burgbesuch und ein Moorlehrpfad: In Heidenreichstein lässt sich zauberhaftes Waldviertel-Feeling tanken. Und an warmen Tagen die Haut verwöhnen.

Wie in einem Märchen erhebt sich die **BURG HEIDENREICHSTEIN** auf einem Sockel aus Granit. Die wuchtigen Mauern sind meterdick und nur von wenigen Fenstern durchbrochen, die mächtigen Rundtürme an den Ecken lassen keinen Zweifel aufkommen, dass man sich zu wehren weiß. Ein breiter Wassergraben umfließt die Anlage. Fast ist zu erwarten, dass sich die oberste Luke im Turm öffnet und Rapunzel ihr Haar herunterlässt.

Die ältesten Grundmauern, der **BERGFRIED**, werden auf ca. 1160 datiert, sie sind in der Tat bis zu vier Meter dick! Der Wehrbau diente, typisch Waldviertel, dem Schutz der Straße nach Böhmen – einst den **KUENRINGERN** und später den **PALFFYS**. Heute steht die Burg im Besitz der Kinskys, die in einem renovierten, jüngeren Anbau ganzjährig wohnen.

Über zwei Zugbrücken findet man ins Innere dieser Anlage, die sich in ihrer Grundform als **ROMANISCHES ENSEMBLE** präsentiert. Guide Reinhard passt mit seinem mittelalterlichen Outfit voll ins Bild. Er schafft das Kunststück, uns während der **BURGBESICHTIGUNG** ein wenig ins Leben von damals zu führen – so lernen wir etwa, was es mit den Redewendungen „im Stich gelassen", „Pech gehabt" oder „auf den Hund gekommen" auf sich hat. Im gewaltigen **RITTERSAAL** gibt er Einblick in die damalige Rechtsprechung: „Hier wurde auch Gericht gehalten. Weil es oft bitterkalt war, wärmte man sich mit Alkohol. Damit es nach längerer Verhandlung nicht so auffiel, dass die Richter betrunken waren, gab es extra Saufstühle, wo sie nicht runterfallen konnten." Und war das Urteil gesprochen, schlief man seinen Rausch am Gelagesack aus. In dieser Manier wird die Burgführung zur **SPANNENDEN ZEITREISE**, kunsthistorisch Interessierte begeistern sich derweil an der Hardware: gotische Tische, Schränke und Truhen, mit Ochsenblut imprägnierte Holz-

UNTERWEGS

MIT PLAN

BURG HEIDENREICHSTEIN
Mitte April bis Mitte Okt. Di–So 9.30, 11, 14 und 15.30 Uhr geöffnet, T +43 2862 52268

www.kinsky-heidenreichstein.at

~

NATURPARK HEIDENREICHSTEINER MOOR
Moorlehrpfad (2,7 km, ca. 1 Std., barrierearm und jedenfalls kinderwagentauglich) jederzeit öffentlich zugänglich, Infotafeln und Audioguide mittels kostenloser Hearonymus-App (zu finden im Appstore)

Tipp für heiße Sommertage:
Der Waldweg (im ersten Teil ident mit dem Moorlehrpfad, 3,8 km, ca. 1,5 Std.) passiert den Gemeindeteich, wo man herrlich baden kann.

Ausgangspunkt:
Naturparkzentrum (Infostelle, Führungsprogramm, Spielplatz, Shop, Gastronomie), Mitte März bis Okt. Di–Sa 11–19, Sa, Fei 14–19 Uhr geöffnet, Waidhofener Straße 80, Heidenreichstein

www.naturpark-heidenreichsteiner-moor.at

decken, Linoleumvorläuferböden, steinerne Wendeltreppen, Himmelbetten …

Nach dieser erfrischend unterhaltsamen Burgführung ist es Zeit für Runde zwei, die einem weiteren Waldviertler Protagonisten gewidmet ist: dem Moor. Ausgangspunkt ist das **NATURPARKZENTRUM HEIDENREICHSTEINER MOOR**, knapp außerhalb der kleinen Stadt. Entlang des Moorlehrpfades tauchen wir ein in die Urgeschichte, als sich das Moor nach der letzten Eiszeit vor mehr als 10.000 Jahren in nassen Mulden und Senken gebildet hat. Schwammiges Torfmoos überzieht den Boden, der bei genauerem Hinsehen tief schwarz gefärbt ist. Die lehrreiche Wanderung führt uns über weich schwingende Böden durch einen hellen Wald aus Kiefern, Fichten und Birken – es fehlen bloß noch die Kinder aus Bullerbü. Am sogenannten **PRÜGELSTEG** blicken wir auf eine Vegetationsschicht, die noch immer Pflanzenreste aus dieser Zeit umschließt, und am **EHEMALIGEN TORFSTICH** halten wir Ausschau nach dem fleischfressenden Sonnentau, der sich von Insekten ernährt. Am hängenden Stein wundern wir uns über eine tonnenschwere Granitformation, die in der Luft zu schweben scheint.

Abschluss findet die launige Spazierwanderung am **GEMEINDETEICH**, wo wir ins bacherlwarme Moorwasser eintauchen – und mit überraschend rot verkrusteter Haut wieder entsteigen. Nach dem ersten Schreck freuen wir uns über diese gratis Wellnesspackung.

Geheimnisvolle Mauern und mystisches Moor

ERLEBEN

So ein Käse: Schaumanufaktur, Restaurant und Delikatessenladen, wo Schaf- und Ziegenkäse im Mittelpunkt stehen.

April bis Mitte Dez. Mi–So, Fei 9.30–17 Uhr geöffnet, Litschauer Straße 18, Heidenreichstein, T +43 2862 52528-0

www.kaesemacherwelt.at

EINKAUFEN

Schön kuschelig: Eine der letzten übrig gebliebenen Textilfabriken im Waldviertel, framsohn, produziert heute hochwertige Frottierwaren, die im Outlet zu sensationell günstigen Preisen feilgeboten werden.

Mo–Do, Sa 9–13, Fr 9–16 Uhr geöffnet, Kleinpertholz 65, Heidenreichstein

www.framsohn.at

GENIESSEN

Gemütlich tafeln: Im Burgstüberl gegenüber der Burg gibt's Hausmannskost und Pizzen.

Di–So geöffnet, Waidhofener Straße 1, T +43 2862 58993

www.burgstueberl.at

WEITERE TIPPS

Originalinterieur in der Burg Heidenreichstein

Oben: Der vielleicht schönste Renaissancearkadenhof nördlich der Alpen
Unten: Das Wissen voriger Jahrhunderte in der Bibliothek

SCHLOSS GREILLENSTEIN

Röhrenbach

Ein Hauch von Süden im hohen Norden

Im Renaissancejuwel Schloss Greillenstein engagieren sich die Schlossherren höchstpersönlich bei der Führung. Die Hausherrin ist gar eine echte Prinzessin.

„La dolce vita" kommt einem im quadratischen Innenhof spontan in den Sinn – die zweigeschoßige Arkadenreihe versetzt den kunstgeschichtlich halbwegs versierten Besucher schlagartig nach Italien. So ein **SCHÖNER RENAISSANCEHOF** ist schon eine Besonderheit so weit nördlich der Alpen, doch damit nicht genug. „Darf ich Ihre Aufmerksamkeit noch weiter nach oben lenken? Hier sehen Sie gleich elf kunstvoll verzierte Rauchfänge, von denen jeder ein Unikat ist", führt der junge Karl Kuefstein durch das Reich seiner Familie. „Auch das ist typisch für diese Epoche und sonst nirgendwo in Österreich zu finden. Überhaupt ist bei uns auf Greillenstein sehr viel aus der Renaissance erhalten, sowohl in der Bausubstanz als auch in der Ausstattung. Das Schloss wurde nie geplündert."

Seit 1534 befindet sich das Schloss Greillenstein im Familienbesitz der Kuefsteins, in der zweiten Hälfte des 16. Jahrhunderts wurde die damals rund zweihundertfünfzig Jahre alte Wehrburg abgetragen und ein italienischer Baumeister mit dem Ausbau zum Schloss beauftragt. Es sollte der Familie als Repräsentations- und Sommersitz dienen sowie der Verwaltung der großen Grundherrschaft – und etwas später sogar als Landgericht.

Der **GROSSE GERICHTSSAAL**, wo sich Originalakten aus drei Jahrhunderten bis zur Decke stapeln, ist heute einer der Höhepunkte des geführten Rundgangs. „Uns war die hohe Gerichtsbarkeit verliehen, es wurden also auch schwere Fälle hier abgehandelt. Die Todesstrafe wurde allerdings nur drei Mal verhängt", weiß Karl Kuefstein.

UNTERWEGS

MIT PLAN

SCHLOSS GREILLENSTEIN

Park und Teile des Schlosses sind ohne, weitere Räumlichkeiten nur mit Führung zugänglich.

April, Okt. Sa–Di, Fei,
Mai, Juni, Sept. Sa–Mi, Fei
12.30–16, Juli, Aug.
tgl. 9.30–17 Uhr geöffnet

Führungen an den Öffnungstagen um 11.30 und 15.30 Uhr

Regelmäßige Geistertouren am späten Abend, Termine lt. Homepage, Anmeldung erforderlich

Greillenstein 1, Röhrenbach,
T +43 664 8576371

www.schlossgreillenstein.at

Unter seiner kundigen Führung entdecken wir die weiteren Highlights des Schlosses: die große **BIBLIOTHEK** mit gut 14.000 Büchern, den repräsentativen **RITTERSAAL**, die **PROTESTANTISCHE KAPELLE MIT IHREM RENAISSANCEALTAR**, der dem Guide Michelin ein extra Lob wert war. Den **TÜRKENSAAL** mit den Porträts osmanischer Zeitgenossen, die im Rahmen einer Reise in den Orient entstanden, allerdings nur heimlich skizziert - denn man durfte sie nicht abbilden. Beachtenswert auch die originalen Holzdecken und die reich dekorierten Kachelöfen und Kamine, die wir beim Rundgang passieren. „Sie können sich sicher vorstellen, dass damit das Schloss kaum zu beheizen ist. Der Einbau einer Zentralheizung ist aufgrund des Denkmalschutzes leider nicht möglich, so zog die Familie in den 1960ern hier aus. Seitdem wird das Schloss als **MUSEUM** geführt“, erzählt Karl Kuefstein weiter.

Barocker Drache

Seine Mutter Elisabeth treffen wir nach der Führung an der Kassa im Shop, sie ist die bodenständige Managerin des Schlosses, gleichwohl sie als geborene Wittelsbacherin eine echte bayrische Prinzessin ist. Die **URURENKELIN VON „SISI"** verweist uns noch auf die ohne Führung zugänglichen Räumlichkeiten mit der **SKURRILEN ZWERGENGALERIE** und dem **SPIELEZIMMER.** Hier, so lädt sie uns ein, dürfen wir gerne den Schlossbesuch bei einem Brettspiel von anno dazumal in aller Ruhe zu Ende bringen.

Ein kurzweiliger Besuch bei der Schlossherrschaft

WEITERE TIPPS

ENTDECKEN

Bröckelnde Mauern: Die Ruine Schauenstein hoch über dem Kamptal gehört mit zur Grundherrschaft der Kuefsteins. Sie wurde im 11. und 12. Jahrhundert noch von den Babenbergern als Bollwerk gegen die Böhmen errichtet, zur Ruine wurde sie im Dreißigjährigen Krieg. Seit einigen Jahrzehnten kümmert sich ein Verein um die Instandsetzung, sodass man sie heute gefahrlos besichtigen kann.

Jederzeit öffentlich zugänglich, Parkplatz in Krug, zu Fuß ca. 20 Min. (1,5 km)

Schlüssel zum Aussichtsturm (Bergfried) gegen geringes Entgelt bei Familie Hainzl in Krug 29 (gleich neben dem Parkplatz zur Ruine, T +43 664 2424494) sowie im Gasthof Speneder in Altpölla (Öffnungszeiten auf Anfrage, T +43 2988 6280)

Strahlender Putz: Ebenfalls hoch über dem Kamptal erhebt sich das Stift Altenburg. Es strahlt in prächtigem Barock und ist zudem bekannt für seine liebevoll gepflegten Stiftsgärten, die sich unterschiedlichen theologischen Themen widmen. Außerdem möchten wir Ihnen hier die Einkehr im Stiftsrestaurant empfehlen.

Stift: Ende April bis Ende Okt. Do–So, Fei 10–17 Uhr geöffnet

www.stift-altenburg.at

Stiftsrestaurant: Tgl. 10–19 Uhr geöffnet, im Winter Do–So, T +43 676 844965640

www.stifts-restaurant-altenburg.at

Oben: Das einladende Strandbad am Herrensee
Unten: Die Kunst, das Leder weich zu machen

FISCHLEDERMANUFAKTUR UND HERRENSEE

Litschau

ERLEBEN ENTDECKEN

Im Land der Abertausend Karpfen

Das Waldviertel ist bekannt für seine Fischteiche, der Karpfen ist gar das kulinarische Aushängeschild der Region. Ein kleiner Fischzüchter aus Litschau denkt umfassender und produziert darüber hinaus aus der Haut feines Leder.

„Barbaren, die Fischhaut tragen", ist der Name einer kleinen Manufaktur im Weiler Reitzenschlag nahe der tschechischen Grenze. Das ist die sinngemäße Übersetzung des Begriffs **YUPITAZE**, wie sich der Betrieb offiziell nennt. Das klingt jetzt gleich mehrfach exotisch: Fischhaut im Kleiderkasten? China? Am Ende der niederösterreichischen Welt? „Ja, wir produzieren Fischleder und fertigen daraus modische Accessoires. Weil wir uns dazu einer traditionellen fernöstlichen Methode bedienen, haben wir diesen Namen gewählt", erzählt Georg Schuh, der gemeinsam mit Vater Rudolf die Manufaktur aufgebaut hat. Diese befindet sich im ehemaligen Stalltrakt eines Vierkanthofs in einer Gegend, in der es lange her zu sein scheint, dass man zuletzt ein neues Kalenderblatt aufgeschlagen hat. Auch das hat seine Exotik – auf einer zeitlichen Achse.

Der **RUNDGANG** startet bei den familieneigenen Fischteichen, wo Georg Schuh erklärt, wie man auf die Idee kam, aus Fischhaut Leder zu machen: „Die Fischzucht hier heroben haben wir seit gut vierzig Jahren. Unter der Woche bin ich allerdings in Wien in unserem Sägewerk, wo wir uns auf Altholz spezialisiert haben. Eines Tages kam ein Nanai, ein Angehöriger eines sibirischen Volkes, auf der Suche nach Holz zu mir. Wir kamen ins Gespräch und er erzählte von seinen Vorfahren, die eben dieses Leder als Kleidung trugen."

Eines kam zum anderen, man begann zu recherchieren, zu tüfteln und zu experimentieren. Die Schuhs waren Feuer und Flamme für das ungewöhnliche Projekt.

UNTERWEGS

MIT PLAN

YUPITAZE
Manufaktur-Führungen (45–60 Min.) sowie Workshops zur Fischlederverarbeitung (2 Std.) jederzeit nach Voranmeldung

Reitzenschlag 24, Litschau, T +43 664 1108589 www.yupitaze.at

~

MIT KARPFEN SCHWIMMEN:
Rund um den Herrensee führt ein angenehmer Spaziergang (5 km, kinderwagen- und rollstuhlfreundlich, ca. 1,5 Std.). Viele Buchten locken unterwegs zum Reinspringen. Erste Anlaufstelle für alle, die sich dem Badevergnügen hingeben möchten, ist das Strandbad en route (Badesteg im See, Schwimmbecken, Liegewiesen, Beachvolleyball, Café).

Rundweg jederzeit öffentlich zugänglich

Strandbad Juni bis Sept., tgl. 10–18 Uhr geöffnet

„Das Schwierige daran ist, die Haut weich und geschmeidig zu bekommen und gleichzeitig Muster und Farbe zu erhalten. Macht man es falsch, wird die Haut wie Pergament und bricht", führt Schuh aus. „Da gibt es ganz viele Versuche, etwa an der Nordsee mit Lachsen, doch bis jetzt sind alle gescheitert. Wir haben es geschafft, weil wir uns ganz auf die Methoden konzentriert haben, die vor 500 Jahren in Fernost möglich waren." So kommen statt Chemie natürliche Hilfsstoffe zum Einsatz – mehr Geheimnisse können wir ihm leider nicht entlocken. Allerdings dürfen wir selbst Hand anlegen und ziehen als stolze Besitzer eines selbst gemachten Karpfenhautschlüsselanhängers von dannen.

Weit ziehen wir allerdings nicht. Wir kommen nach wenigen Minuten im Luftkurort Litschau am schönen **HERRENSEE** zu einem Halt, wo wir das Thema Karpfen nahtlos weiterspinnen: Der See wurde im 16. Jahrhundert als Fischteich angelegt wie tausend andere im nördlichen Waldviertel auch. An seinem ursprünglichen Zweck hat sich bis heute nichts geändert, nach wie vor wird er mit Karpfen und anderen Edelfischen wie Hecht, Zander oder Wels bewirtschaftet. Weil der Herrensee jedoch in Größe, Wasserqualität und idyllischer Waldlage aus den vielen Teichen hervorsticht, hat man ihm zur großen Zeit der Sommerfrische noch eine weitere Funktion verpasst: Er ist ein wunderbarer Erholungsraum, wo sich Angler, Spaziergänger und Badegäste begegnen.

Als Tasche, im See, am Teller: Karpfen hoch drei

Blick vom Litschauer Stadtplatz aufs wuchtige, leider nicht zugängliche Schloss

WEITERE TIPPS

GENIESSEN

Karpfen am Teller: Gebackener Karpfen mit Erdäpfeln – gekocht oder als Salat –, das ist der würdige Abschluss eines Ausflugs unter dem Motto „Karpfen". Wir haben die Einkehrmöglichkeiten in Litschau diesbezüglich getestet und empfehlen:

Restaurant Seeblick (Di geschl., Schlägerstraße 14, T +43 2865 235) – das familiäre, Bruno's Bierinsel (Mo geschl., Stadtplatz 86, T +43 2865 5509) – das rustikale, Gasthof Kaufmann (So, Mo geschl., Stadtplatz 88, T +43 2865 50560) – das gehobene Lokal

EINKAUFEN

Erdäpfel als Zugabe: Erdäpfel sind das zweite Aushängeschild der Region um Litschau. Einerseits köstlich – andererseits heilsam: Keine Salbe hilft so gut gegen rissige Haut wie die „Kartoffelcreme" aus der Stadtapotheke Litschau (Stadtplatz 75).

Je kühler die Temperaturen, desto flotter die Hunde

HUSKYRANCH

Friedersbach

AKTIVITÄT

NATUR

Familientipp

Mit zwei Hundestärken Kraft voraus

Im rauen Klima des Waldviertels fühlen sich die Huskys wohl – und auch ihr Bewegungsdrang lässt sich am weiten Hochplateau hervorragend stillen. Bei Franz Steindl in Friedersbach bei Zwettl kann man ins Abenteuer Musher schnuppern.

Für mich als Hundenärrin war es immer sonnenklar: Einmal würden mich Huskys auf einem Schlitten durch die Landschaft ziehen! Allerdings ist mir Kälte verhasst – und so war ich froh, das Angebot in der grünen Jahreszeit im Waldviertel zu entdecken, das mit seiner sanften Topografie ein ebenso perfektes Terrain für Ausfahrten mit den Huskys bietet.

Als es endlich so weit ist, ist die Freude auf eine gemütliche Fahrt durch die **NORDISCH WIRKENDE LANDSCHAFT** riesengroß. Eine Illusion, die schon beim Anschirren zerbröckelt: Die Hunde sind ob der bevorstehenden Ausfahrt schrill begeistert und kaum zu bändigen. Als wir schließlich alle ordnungsgemäß auf unseren Wagerln stehen (während die Hunde ungeduldig hibbeln), gibt Franz Steindl das erlösende **STARTSIGNAL.** Damit ist die Idee von der Gemütlichkeit endgültig gestorben, es geht, um es vorsichtig auszudrücken, flott dahin. Ich komme gehörig ins Schwitzen beim Versuch, mein Gleichgewicht zu finden und die ersten Kurven unbeschadet zu kratzen. Einige Schreckmomente später beginne ich mich langsam wohlzufühlen, noch ein paar Takte später berausche ich mich bereits an der **GESCHWINDIGKEIT.**

Wiesen und Felder fliegen an uns vorbei, ein Hauch von Kühle dringt aus dem Wald. Die Orientierung ist restlos verloren, aber wir müssen sowieso **MUSHER** Franz folgen, denn die Hunde bleiben selbstverständlich zusammen. Als eine Hündin ein Reh sichtet, sprengt es zwar die Formation ein wenig auseinander, doch es gelingt, das Wagerl wieder auf die richtige Spur zu bringen. Weiter geht es über Stock und Stein, doch leider: Allzu rasch sind wir

UNTERWEGS

MIT PLAN

HUSKYRANCH WALDVIERTEL

Ausfahrten mit dem Wagerl temperaturabhängig bis Mitte/Ende April und ab Mitte/Ende September, dazwischen Husky-Wanderungen (bis max. 25 Grad Tagestemperatur) nach individueller Vereinbarung. Kinder als Mitfahrer willkommen.

Friedersbach 56,
T +43 664 5813687
www.huskyranch.at

Ein eingeschworenes Rudel

wieder am Ausgangspunkt. Die Tour ist zu Ende. Wir versorgen die Huskys, geben ihnen noch einen Abschiedsstreichler und begleiten sie nach Hause.

Nun ist es Zeit, den bisher so wortkargen Franz mit Fragen zu löchern: Wie viele Huskys hat er, warum sie nicht im Haus wohnen und wie viel Auslauf brauchen sie? Bereitwillig steht er Rede und Antwort: „Momentan habe ich 14 Hunde, die in zwei Rudeln in ihren Zwingern leben. So sind sie Tag und Nacht draußen und immer zusammen. Genau das, was sie brauchen." Merke: Ein einsamer Husky im Wohnzimmer am Sofa geht gar nicht!

Bei Franz Steindls Hunden handelt es sich genau genommen um **SIBERIAN HUSKYS**, die kleinsten der nordischen Hunderassen – und auch die mit dem freundlichsten Wesen. Auslauf brauchen aber auch sie mehr als reichlich, dazu Franz: „Drei bis fünfmal in der Woche mache ich Trainingsfahrten, wo ich alle Hunde vor ein Quad spanne und 15 bis 20 Kilometer laufen lasse." Freilich macht er das nur im Winter, im Sommer ist es im dichten Fell zu heiß für solche Touren, da gibt es dann gemütliche Spaziergänge von wenigen Kilometern.

Ach, Huskys können auch gemütlich? „Naja, bezogen auf ihre Verhältnisse schon", schmunzelt der menschliche Rudelchef, der früher sehr aktiv im Hundesport war. „Unterschätzen darf man so eine Wanderung natürlich nicht: Hohe Temperaturen dämpfen zwar ihren Bewegungsdrang, aber sie hängen sich schon ordentlich ins Zeug, speziell wenn sie wissen, es geht ans Wasser." Das ist auch der Grund, warum Franz Steindl bei seinen **HUSKYWANDERUNGEN**, die ihn regelmäßig in eine verschwiegene Bucht am **OTTENSTEINER STAUSEE** führen, die Hunde nur bereits größeren Kindern oder Erwachsenen anvertraut. Die Kleinen haben freilich trotzdem Spaß dabei, denn kuscheln und streicheln ist bei den Steindlschen Huskys mehr als willkommen – sobald sie halt zu einem Halt kommen.

Lockruf der Wildnis für Einsteiger

ERLEBEN

Idylle am See: Baden, Boot fahren, wandern, mit der Seele baumeln – am nahen Ottensteiner Stausee lässt sich der Waldviertelausflug perfekt abrunden. Beste erste Anlaufstelle für alle diese Aktivitäten ist das Seerestaurant mit Terrassencafé und Bootsverleih in Peygarten-Ottenstein 69.

GENIESSEN

Idyllisches Ambiente: Gleich neben der Huskyranch findet sich das Faulenzerhotel Schweighofer. Im angeschlossenen Restaurant Waldviertler Stuben stehen Karpfen, Mohn und Erdäpfel am Menü, die heimeligen Stuben sowie die beiden Gastgärten – vorm Haus und im romantischen Innengarten – sorgen für traumhaftes Ambiente. Tipp: Vorher anrufen und Tisch bestellen.

Tgl. geöffnet, Friedersbach 53,
T +43 2822 77511-0
www.faulenzerhotel.at

WEITERE T TIPPS

Skandinavienfeeling am Ottensteiner Stausee

Hippie-Feeling beim Kasumama-Festival in Harbach

NIEDERÖSTERREICH SPONTAN

OPEN AIR

Musik- und Kulturgenuss unter freiem Himmel – das ist das wahre Sommerfeeling! Fünf Tipps für Ihren Festivalsommer.

1 WELLENKLÄNGE

Zeitgenössische Musik, die sich nur schwer in Genres einordnen lässt, steht am Programm des Sommerfestivals am Lunzer See – eines aber ist allen Konzerten gemeinsam: Die Musik geht ins Ohr! Die Bergkulisse hinter der Seebühne tut ihr Übriges, dass der Abend mehr als gelingt.

Juli, Lunz am See.
www.wellenklaenge.at

2 KASUMAMA AFRIKA FESTIVAL

Für fünf Tage verwandelt sich der Waldviertler Ort Moorbad Harbach in ein afrikanisches Dorf. Am Ufer des Badesees gibt's untertags verschiedene Workshops für Kinder und Erwachsene – vom Trommel- bis zum Sandbilderkurs – und abends authentische Musik aus Afrika.

Aug., Moorbad Harbach.
www.kasumama.at

3 GLATT & VERKEHRT

Weltmusik von Mali bis Norwegen, von Peru bis Bali, vom Montafon bis ins Salzkammergut sorgt für heiße Rhythmen und unter die Haut gehende Melodien.

Juli, verschiedene Spielorte in Krems.
www.glattundverkehrt.at

4 WINNETOU FESTSPIELE

Die Geschichten um Cowboys und Indianer aus der Feder Karl Mays mögen politisch nicht mehr ganz korrekt sein – doch was kümmert das die Kinder, die sich am Wild-West-Spektakel auf der Bühne nicht sattsehen können?

Aug., Winzendorf.
www.festspiele-winzendorf.at

5 MÄRCHENSOMMER POYSBRUNN

Jedes Jahr wird ein anderes Märchen als Theaterstück verfasst und passende Musik dazu komponiert. Während der Aufführung wechselt man immer wieder die Perspektive, wandert dabei durch den märchenhaften Schlosspark und greift auch ins Geschehen ein.

Juli, Aug., Poysbrunn.
www.maerchensommer.at

Info
Mostviertel Info,
www.mostviertel.at

Spontan MIT PLAN

MOSTVIERTEL

Das Mostviertel hat zwei Gesichter. Da sind zum einen die lieblichen Hügellandschaften unterhalb der Donau mit ihren Abertausenden von Obstbäumen und ihren mächtigen Vierkanthöfen. Besonders schön ist es hier zum Höhepunkt der Baumblüte Mitte April, wenn sich die Blüten wie ein zarter Hochzeitsschleier übers Land legen. Und dann wieder im Herbst, wenn die Blätter in expressiver Farbkraft erstrahlen. Es ist die Welt der Mostbarone – und der genussvoll Reisenden.

Je weiter man in den Süden kommt, umso wilder wird die Gegend – das zweite Gesicht zeigt sich alpin: Die Täler schneiden tief und eng ins Land, Berge erheben sich schroff bis an die 2000 m Seehöhe. Sie tragen klingende Namen wie Ötscher (mit seinen fantastischen Gräben), Hochkar oder Dürrenstein. Von ihren Höhen stürzen Bäche mit ungezähmter Kraft zu Tal, an deren Ufern alte Hammerwerke von der Vergangenheit erzählen. Diese alte Welt der Schmiede begeistert heute den sportlichen Ausflügler.

In der Ruhe liegt die Kraft: Lamawandern im sanften Land

LAMAWANDERN

Oberndorf an der Melk

AKTIVITÄT

NATUR

Familientipp

Mit dem Lama an der Hand durch das Lamawanderland

Das Erlebnis ist so sanft wie das Land, in dem es stattfindet: Wandern mit Lamas im oberen Mostviertel ist spektakulär unspektakulär – ideal zum Entspannen, Abschalten und wieder neue Kraft und Energie tanken. Das Ziel ist kein Berggipfel, sondern die Stille in mir.

Der wollige Kopf schießt herum. Riesige Augen, so dunkel wie ein See im tiefsten Wald, glupschen mich an. Die Lippen kräuseln sich zuckend – der wird mich doch am Ende nicht anspucken? Schnell springe ich zur Seite, sicher ist sicher. Lena lacht: „Keine Angst, unsere Lamas spucken nicht auf unsere Gäste. Das passiert nämlich nur bei Fehlprägung: Kommt ein junges Lama zu früh zu eng mit Menschen in Berührung, kann es sein, dass es uns als arteigen ansieht und als erwachsenes Tier die Rangordnung mit uns klären möchte. Dabei wird gespuckt."

Lena Rappersberger ist die junge Chefin der **LAMA-RANCH** im weiten Hügelland des Mostviertels mit seinen wuchtigen Vierkantern, seinen gelben Rapsfeldern und seinen Ausblicken auf den nahen Ötscher. Es ist ein weiches Land, das sich südlich der Donau auftut, Lena vergleicht das gerne: „Unsere Lamas sind so sanft wie unsere Region." Das ist auch der Grund, warum sie sich so gut fürs Wandern mit ihnen eignen. Lena: „**LAMAS GEHEN SEHR GERNE**, was kein Wunder ist, schließlich wurden sie als **LASTTIERE** gezüchtet. Daher haben sie auch einen **GUTEN BEZUG ZUM MENSCHEN** und lassen sich willig führen. Allerdings sind sie recht schlau und testen gerne aus, ob ein wenig rasten und grasen unterwegs eventuell mit dem heutigen Gast durchgeht."

Begonnen hat alles vor mittlerweile 35 Jahren, als Lenas Eltern die ersten Lamas vom Leipziger Tiergarten erwarben, um mit ihnen zu wandern. Man kann sich

UNTERWEGS

MIT PLAN

LAMAWANDERN
Halbtages- und Tagestouren, Picknicks auf der Lamawiese, Begegnungs- und Bewegungstage mit Yoga und Pilates, Übernachten im Getreidekasten oder Lamawagen.

Nach Vereinbarung, Listberg 4, Oberndorf an der Melk lamawanderland.at

Die Entdeckung der Sanftheit mit tierischer Hilfe

vorstellen, wie sehr die beiden damals belächelt wurden. Einige Jahre später kauften sie das Land, auf dem heute die Ranch steht, stockten die Lamaherde sukzessive auf und begannen, selbst zu **ZÜCHTEN.** In diese Welt ist Lena geboren: „Ich bin mit Tieren aufgewachsen und kann mir ein Leben ohne Lamas einfach nicht vorstellen." So ist es für sie logisch, das Lebenswerk ihrer Eltern (die nach wie vor kräftig mitanpacken) fortzusetzen. „Im Rahmen meines Biotechnologie-Studiums war ich natürlich auch im Ausland, danach habe ich noch verschiedene andere Jobs ausprobiert. Doch letztendlich bin ich hier zu Hause und habe viele Ideen für die Zukunft."

So kombiniert sie beispielsweise Sport und Lamagesellschaft zu **BEWEGUNGS- UND BEGEGNUNGSTAGEN MIT PILATES** oder **EINWÖCHIGEN YOGA-RETREATS.** Das funktioniert besonders gut, weil Lamas zu entspannen wissen – gemächlich gehen sie ihren Takt, ein Fuß nach dem anderen, nicht zu schnell, nicht zu langsam. „Lamas sind sehr entspannte Geher. Sie legen ihr Tempo so an, dass sie den ganzen Tag problemlos durchhalten könnten", spricht Lena vor meiner Schnupperwanderung. „Du wirst sehen: Das erdet auch dich." Und natürlich behält sie recht. Mit dem Lama an der Hand stellt sich auch bei mir rasch die Entspannung ein. Der Stress des Alltags fällt ab, ich fühle mich leicht und wunderbar. Das wiederum scheint meinem Lama zu gefallen, es untermalt die friedliche Stimmung mit einem sachten Summen. Entschleunigung gelungen!

Südamerika im Mostviertel

WEITERE TIPPS

GENIESSEN

Traditionelles, modern interpretiert: Im nahen Mank möchten wir gleich zwei Wirte empfehlen – beides Traditionshäuser, wo man Hausmannskost erfrischend modern interpretiert: Wirtshaus Beringer (Di bis So Nachmittag, Schulstraße 4, Mank) sowie Gasthaus Riedl-Schöner (Do bis Mo, Hauptplatz 1, Mank).

www.beringer-mank.at, riedl-schoener.at

ANSEHEN

Mostviertler Kontraste: Das Konrastprogramm zum gemütlichen Wandern in sanfter Landschaft findet sich keine zehn Minuten entfernt in Purgstall: die Erlaufschlucht. Mit ungezähmter Kraft schießen die türkisen Fluten der Erlauf zwischen engen Felsen der Donau entgegen, rechts und links wuchern Bäume und Sträucher zu einem regelrechten Dschungel. Einziger Haken: Die Schlucht ist leider fast schon zu gut besucht, kommen Sie nach Möglichkeit unter der Woche.

Parkplatz in Purgstall beim Bowlingcenter (ausgeschildert, gebührenpflichtig), Fußwege zu beiden Seiten der Schlucht (Rundweg mit Praterstegbrücke 2,8 km oder mit Romantikbrücke 4 km).

www.erlaufschlucht.at

Oben: Ein altes Presshaus wurde zum Heurigen umfunktioniert.
Unten: Große Auswahl im Mostbirnhaus

MOSTHEURIGER REIKERSDORFER

Greinöd an der Ybbs

KULINARIK GENIESSEN

Betörende Birne

Weltweit einzigartig setzt man im niederösterreichischen Mostviertel auf die Birne. Auf einigen Hunderttausend Obstbäumen gedeihen hier im Land südlich der Donau mehr als 300 verschiedene Birnensorten, aus etwa dreißig davon wird Most gemacht – ein Getränk, das voll im Zeitgeist liegt.

Ein lichter Goldton schimmert im Glas. Der Duft ist zart fruchtig, der erste Kontakt mit dem Gaumen bringt Zitrus- und Blütenaromen ins Spiel. Im Abgang zeigt sich der Birnenmost aus dem Hause Reikersdorfer spritzig, aber dennoch voll aromatisch. Es ist ein **EDLER TROPFEN**, produziert nach allen Regeln moderner Kellereitechnik. Der große Unterschied zum Wein: Anstatt Trauben kommen hier Birnen ins Fass. Das Ergebnis überzeugt mit niedrigem Alkoholgehalt bei feiner Geschmacksintensität – ein wahres Zeitgeistgetränk!

So war Most freilich nicht immer, der Weg vom sauren Durstlöscher mit wahrlich umwerfender Wirkung hin zum leichten Sommerdrink wurde vor rund 30 Jahren eingeschlagen. „Traditionell wurde alles, auch angefaultes Obst, in einem Bottich zusammengemischt, um dann in alten Fässern vor sich hinzugären. Heraus kam ein, nun ja, eher herbes Zufallsprodukt", erinnert sich Leopold Reikersdorfer sen. an das Handwerk, wie er es von seinem Vater gelernt hatte. „Immer weniger Menschen wollten das trinken, nicht mal mehr die Bauern selbst."

Also rief man die **MOSTBARONE** ins Leben, engagierte Mostviertler Landwirte, die es sich zum Ziel setzten, den Most salonfähig zu machen und damit auch die herrliche Kulturlandschaft langfristig zu erhalten. Sie gingen dazu über, die Moste nach neuesten Methoden zu vinifizieren und sie sowohl reinsortig auszubauen als auch ganz bewusst zu feinen Cuvées zu verschneiden. „Unser Schankmost ist eine Mischung aus verschiedenen Birnensorten", erklärt Michaela Reikersdorfer, die heute gemeinsam mit Leopold jun. für die Geschicke des Hofs verantwortlich zeichnet, die Produktpalette. „Reinsortig gibt es

UNTERWEGS

MIT PLAN

REIKERSDORFERS PRESSHAUSHEURIGER
Heuriger: Aussteckterminе lt. Kalender, Do–So ab 15 Uhr geöffnet

Ab-Hof-Verkauf:
Mo–Fr 7.30–11.30 und 13–18,
Sa 8–11.30 Uhr geöffnet

Greinöd 1, Neuhofen an der Ybbs,
T +43 7475 56481
www.mosti.at

Von der Birne zum Most – ein unterhaltsamer Ausflug zum Ursprung eines besonderen Getränks

bei uns Speck-, Dorsch-, Stiegel- und Grüne Pichlbirne, zudem beteiligen wir uns an den Gourmetmosten der Mostbarone." Diese werden jedes Jahr aus den besten Tropfen der einzelnen Barone verschnitten, es gibt sie in **DREI STUFEN**: als leichten Brous (Mostviertler Dialekt für Knospen), als eleganten Preh (Stolz) und als wuchtigen Exibatur (Pflug).

Im schönen Heurigen der Reikersdorfers, der stilvoll in einem **ALTEN PRESSHAUS** untergebracht ist, serviert man dazu verschiedene Jausen mit Produkten aus der eigenen Landwirtschaft und hausgebackenem Brot. Im **HOFLADEN** gibt's neben Mosten auch jede Menge selbst produzierter Säfte, Essige, Schnäpse und Dörrobst zu kaufen.

Rundherum macht sich eine perfekte Idylle breit, die es nur noch dank des Engagements der ersten Mostbarone gibt: Anstatt, wie viele Nachbarn, die Obstbäume umzuschneiden, um Platz für landwirtschaftliche Maschinen zu schaffen, begannen sie, die alten Bäume zu pflegen und darüber hinaus neue zu setzen. Das hatte Vorbildwirkung und so verteilen sich heute wieder mehr als **DREIHUNDERTTAUSEND OBSTBÄUME** über die Patchworklandschaft aus Wiesen, Weiden, Feldern, Bächen, Hecken und Wäldchen. Sie stehen in mächtigen Zeilen und Alleen entlang von Straßen und Wegen, in üppigen Gärten hinter den wuchtigen Vierkantern der Bauern, als solitäre Prachtstücke auf weiter Flur. „**MARIA THERESIA** hat ursprünglich die Pflanzung von Birnbäumen im Mostviertel forciert", weiß Michaela Reikersdorfer. „Es wäre echt schade darum, nicht nur optisch, auch wegen der Artenvielfalt." Die Reikersdorfers gehen jedenfalls mit gutem Beispiel voran, in den letzten drei Jahren wurden von ihnen mehr als 150 Bäume nachgesetzt.

GENIESSEN

Der Birne auf der Spur: Alternativ oder ergänzend zum Mostheurigen der Reikersdorfers empfehlen wir den Distelberger Genussbauernhof (Gigerreith 39, Amstetten, T +43 7479 7334, www.distelberger.at) sowie den Hansbauer (Krottendorf 12, Haag, T +43 7434 44702, www.hansbauer.at) – beides ebenfalls Mostbarone (www.mostbarone.at).

Liebevoll ist die Ausstellung im Mostbirnhaus arrangiert.

WEITERE T TIPPS

ERLEBEN

Ein Hoch auf die Birne: Wer an Mostkultur interessiert ist, den führt kein Weg vorbei am Mostbirnhaus mit Erlebniswelt inklusive Verkostungsstation, umwerfend bestücktem Spezialitätenshop und nettem Café. April bis Okt. Do–So, Fei 10–18 Uhr geöffnet

Stift 14, Ardagger Stift,
T +43 7479 6400
www.mostbirnhaus.at

ANSCHAUEN

Land der Berge, Land am Strome: Die österreichische Geschichte wird im Museum Ostarrichi kurz und bündig erzählt. Mo, Di, Do, Fr 8–12, Di auch 14–18.30 Uhr geöffnet

Millenniumsplatz 1,
Neuhofen an der Ybbs,
T +43 7475 52700-40
www.museum-ostarrichi.at

Einmal aus dem Starthaus draußen, gibt's kein Zurück mehr.

ZIPLINE UND BIKEPARK

Annaberg

AKTIVITÄT

NATUR

Familientipp

Abflug mit 120 Sachen

Am Annaberger Hennesteck, ursprünglich nur ein kleines Skigebiet, weiß man mittlerweile das sportliche Publikum auch im Sommer perfekt zu unterhalten. Zipline, Biketracks und Motorikpark sorgen für jede Menge Adrenalinschübe, die Kleinsten haben Spaß an Nikis Alm-Abenteuern.

Moi, süß, ein Mini-Bikepark. Nachdem noch Zeit vor dem gebuchten Abflug bleibt, wollen wir das gleich probieren. Fünfzehn Minuten später stehen wir ausgerüstet mit den modernsten **E-MOUNTAINBIKES** am Start der 700 m langen **FLOWLINE**. Gleich in der ersten Kurve die große Überraschung: Sieht so harmlos aus, aber die Schräglagen haben es in sich; wenn man es überhaupt schafft, drinnen zu bleiben. Zugegeben: In Sachen Mountainbike bin ich ziemlich unbedarft – doch mit den vielen Radkilometern, die meine Beine im Laufe des Lebens gesammelt haben, hätte ich mir nicht gedacht, dass ich mich hier gar so zögerlich anstelle. Dabei ist im Prospekt die Rede von einfachstem Schwierigkeitsgrad! Erst nach ein paar weiteren Abfahrten beginne ich mich wohlzufühlen, und das Tempo zu steigern. Jetzt macht es so richtig Spaß, und das E-Bike schiebt beim Bergauffahren so kräftig an, dass die Retourstrecke mit leichter Atmung gelingt.

Wir schenken uns den als Rundkurs angelegten **PUMPTRACK** vor dem Bikeverleih – dafür fehlt es uns dann doch an Übung. Außerdem müssen wir weiter. Für den nächsten Programmpunkt brauchen wir kein Training, bloß ein wenig Mut: Die spektakuläre **ZIPLINE** überwindet auf nicht mal anderthalb Kilometern fast 400 Höhenmeter, der Fluggast erreicht dabei eine Geschwindigkeit von bis zu 120 km/h. Der Fluggast, also ich, wird mit Sicherheitsgurten an einem Seilroller eingehängt, der wiederum in Drahtseilen hängt, die sich in luftiger Höhe bis ins Tal spannen. Die Aussicht vom Starthaus aus bekomme ich nur am Rande mit, meine Nerven sind damit beschäftigt, ruhig zu bleiben. Noch einmal tief Luft holen – und dann geht es ab in Richtung Talstation. Yeahhhh!

UNTERWEGS

MIT PLAN

HENNESTECK IM SOMMER
Zipline und Mini-Bikepark, Motorikpark, Nikis Almabenteuer, Mountainbike- und Wanderwege, Bike-Verleih

Mitte Mai bis Juni, Sept., Okt. Sa bis Mo sowie Feier- und Fenstertage, Ende Juni bis Anfang Sept. tgl. 9–17 Uhr geöffnet (nicht bei Schlechtwetter)

Zipline: Mindestalter 8 Jahre, Mindestgröße 120 cm, Mindestgewicht inkl. Bekleidung 30 kg, kein Flugbetrieb bei Starkregen, Gewitter und Sturm. Vorab Onlinebuchung empfohlen

Annarotte 126, T +43 2728 8477
www.annaberg.info

Der Bikepark ist nicht zu unterschätzen!

Die Annaberger Zipline ist die einzige in Niederösterreich, sie ist das Herzstück des sommerlichen Angebots am Hennesteck. Gemeinsam mit dem **MINI-BIKEPARK**, zu dem auch noch ein **SKILLSTRACK** (Hindernisbahn) zählt, und dem kleinen **MOTORIKPARK** sorgt sie für ein rundum gelungenes Erlebnis mit hoher Pulsfrequenz – wer auf so etwas steht, findet im Umkreis mit dem Eibl-Jet in Türnitz und den Mountain-Carts in Mitterbach noch zwei weitere Nervenkitzler (siehe „Weitere Tipps“).

Wer die lieben Kleinen dabei hat, muss allerdings noch reichlich Zeit für **NIKIS ALMABENTEUER** veranschlagen: An verschiedenen Erlebnisstationen sowohl im Tal als auch oben am Berg wird so ganz nebenbei ein wenig Wissen um das Miteinander von Natur und Mensch vermittelt, etwa im **BEGEHBAREN FUCHSBAU**, am **ALMBRÜNDL**, wo Tiere zu versorgen sind, oder bei der **ALMBLUMENREISE.** An den **LAUSCHER-BANKERLN** am Waldrand und am **SPEICHERSEE** erzählen kurze **HÖRSPIEL-CLIPS** von der Natur rundum, dem Berg und überraschenden Gestalten.

> Alleine der Zipline wegen lohnt der Ausflug nach Annaberg. Es gibt hier aber noch mehr Nervenkitzel.

WEITERE T TIPPS

ERLEBEN

Juhu, es geht rasant bergab: Gefallen am ungewöhnlichen Talflug gefunden? Dann hätten wir hier noch zwei Tipps für Sie: den Eibl-Jet im nahen Türnitz sowie die Mountain-Carts im ebenso nahen Mitterbach (Kombitickets erhältlich).

Der **Eibl-Jet** ist eine Allwetterrodelbahn mit 40 km/h Höchstgeschwindigkeit, dafür mit Jumps, Wellen, Kurven und Kreisel (Mai bis Mitte Juni Fr–So, Feier- und Fenstertage, Mitte Juni bis Mitte Sept. tgl. geöffnet, Mitte Sept. bis Okt. Sa, So, Feier- und Fenstertage 9–18 Uhr bei jedem Wetter geöffnet, www.tuernitz.at).

Die **Mountain-Carts** sind so etwas wie geländegängige Gokarts, die an der Mittelstation der Gemeindealpe ausgeliehen werden können, um damit über eine 4,6 km lange, gut ausgebaute Schotterstrecke rasant oder gemütlich ins Tal zu fahren (Mai Sa, So, Juni Do–So, Feiertage, Ende Juni bis Mitte Sept. tgl. geöffnet, Mitte Sept. bis Okt. Fr–So 9–17 Uhr geöffnet, www.gemeindealpe.at).

GENIESSEN

Mit Ausblick: Die Anna-Alm an der Bergstation präsentiert sich urig-schick, auf die Teller kommt klassische Hüttenkost (Öffnungszeiten und Kontakt wie Annaberglifte am Hennesteck).

~

Mit Bodenhaftung: Mitten im kleinen Ort Annaberg steht der alteingesessene Gasthof Meyer für Tradition und Gastlichkeit, Mi–Sa 11–20, So 11–19 Uhr geöffnet, Annarotte 8, T +43 2728 8204.

www.gasthofmeyer.at

Nach so viel Action tut ein Wanderspaziergang gut.

Oben: Der Lassingfall hält viele kleine Mutproben parat
Unten: Der Blick zurück – das hab ich mich getraut?

CANYONING

Göstling

AKTIVITÄT

NATUR

Familientipp

Trau dich doch

In den wilden Bächen des alpinen Mostviertels lässt sich das Mütchen formidabel kühlen: rein ins Bachbett und mit dem Wasser durch die Schlucht pflügen. Nennt sich Canyoning und macht Riesenspaß!

Da soll ich runterspringen? Echt jetzt? Das ist aber schon recht hoch, oder? Ist das Wasser unter mir auch tief genug? Nachdem die Alternative „abseilen" heißt und das einigermaßen peinlich ist, gebe ich mir einen Ruck.

Platsch, das eisige Wasser des Rotmoosbachs schwappt über mir zusammen. Die Kälte wird von der Hitze meiner Aufregung gleich wieder neutralisiert. Weiter geht es Schlag auf Schlag: **WATEN** im brusttiefen Wasser, am Po über glattpolierte Felsplatten **RUTSCHEN**, von Vorsprüngen **HÜPFEN** und auch mal eine Passage mit dem **SEIL** überwinden. Guide Markus lässt uns keine Pause, so kommen wir gar nicht ins Fürchten und merken erst nach zweieinhalb Stunden, als wir unversehrt wieder aus dem Bach klettern, wie sehr wir uns angestrengt haben. Das kalte Wasser, wenngleich wir eingepackt in frotteegefüttertes Neopren sind, fordert seinen Tribut, ebenso der unebene Untergrund. Zudem sind wir vollgepumpt mit **ADRENALIN.** Kurz gesagt: Wir sind ordentlich geschlaucht, aber ziemlich high.

Einem Bach direkt in seiner Schlucht flussabwärts zu folgen ist ein sportliches Abenteuer, das um die Jahrtausendwende unter dem Namen „Canyoning" populär wurde und bis heute boomt. Die Kombination aus Naturerlebnis, körperlicher und psychischer Anstrengung treibt die Glückshormonproduktion im Kopf zu Höchstleistungen. Was erfahrungsgemäß die größte Herausforderung ist? Markus Schnabl alias Canyoning Jack: „Interessanterweise tun sich die Frauen mit den Sprüngen schwerer, die Männer mit den Abseilpassagen."

Wilde Flüsse, die in tiefen Schluchten fließen, finden sich im alpinen Mostviertel – wo man Canyoning schon kannte, bevor es seinen schicken Namen bekam. „Als Kind habe ich halbe Sommer im Bach verbracht", erinnert sich Markus ans Aufwachsen in Göstling. „Später habe ich dann als Rafting-

UNTERWEGS

MIT PLAN

CANYONING JACK

Voraussetzungen: Schwimmkenntnisse, gute körperliche Verfassung, Trittsicherheit, keine starke Höhenangst, Mindestalter 12 Jahre.

Ausrüstung: dicker Neoprenanzug und -socken, Helm und Sicherheitsgurt werden zur Verfügung gestellt, mitzubringen sind eigene feste Schuhe.

Mai bis Okt. Fr–So nach Vereinbarung, Einsteigertour ca. 3 Std., T +43 664 1960213

www.canyoningjack.at

guide und Kajaklehrer für verschiedene Firmen gearbeitet, bevor ich mich in meiner Heimat mit Canyoning selbstständig gemacht habe.“ **DREI TOUREN** in der Gegend um Göstling und Lunz hat er im Programm: Die **EINSTEIGERTOUR** am Rotmoosbach, der sich in einer offenen Waldschlucht mit drei Seilpassagen bis 15 m und Sprüngen bis 4 m Höhe präsentiert. Die **TOUR FÜR FORTGESCHRITTENE** am Taglesbach durch eine relativ enge Schlucht mit Sprüngen bis 5 m Höhe. Die **KÖNNERTOUR** an der Lassing, die parallel zum viel begangenen Weg von Wienerbruck in die Ötschergräben führt. „Dabei überwinden wir auch den 70 m hohen **LASSINGFALL**, indem wir uns in mehreren Kaskaden abseilen. Meistens ist das überhaupt kein Problem, erst beim Retourweg an Land eröffnet sich der Lassingfall in seiner ganzen Pracht vor uns“, sagt Markus mit einem breiten Grinser im Gesicht. „Die Gäste können oft nicht glauben, dass sie wirklich selbst da runter sind.“ Nach dem ersten Erstaunen steht ihnen dann der Stolz über ihre Leistung ins Gesicht geschrieben.

Ein heißes Abenteuer, das mit einem Sprung ins kalte Wasser beginnt.

Gute Ausrüstung ist beim Canyoning Pflicht.

Am Lunzer See den Herzschlag wieder normalisieren

ANSCHAUEN

Ab in den Urwald: Im Lunzer Haus der Wildnis gibt's Facts & Figures (und Fotos) zum Arten- und Naturschutzgebiet Wildnis Dürrenstein-Lassingtal (UNESCO Weltnaturerbe). Mo, Mi–So 9–17 Uhr geöffnet. Kirchenplatz 5, Lunz am See

www.haus-der-wildnis.at

ERLEBEN

Ab ins Wasser II: Noch immer nicht genug vom Wasser? Der Lunzer See lädt zum ausgiebigen Bad in malerischer Bergkulisse. Rund um den See gibt es zahllose Bademöglichkeiten, am schattigen Südufer sind das kleine Buchten, am sonnigen Nordufer gepflegte Wiesen. Wer will, kann auch im Seebad Eintritt zahlen und dort sein Badehandtuch auswerfen. Weiters Elektro-, Tret- und Ruderbootverleih. Großer Parkplatz an der Zufahrt, weitere Parkmöglichkeiten entlang des gesamten Nordufers – allesamt gebührenpflichtig.

Ab ins Wasser III: Noch immer nicht genug vom Wasser, aber bitte schön warm? Im Ybbstaler Solebad Göstling entspannen Sie bei wunderbaren 32 Grad Wassertemperatur – oder in der heißen Sauna.

Tgl. 9–22 Uhr geöffnet, Oberkogelsbach 21, Göstling an der Ybbs

www.ybbstaler-solebad.at

GENIESSEN

Ab in den Gastgarten: Regional-saisonale Zutaten, die frisch verarbeitet werden – das nennt sich ehrliche Küche und wird im Zellerhof gepflogen.

Tgl. geöffnet, Seestraße 5, Lunz am See, T +43 664 4420237

www.zellerhof-lunz.at

WEITERE TIPPS

Oben: Bereits im März leuchten die Dirndlblüten
Unten: Im Spätsommer wird geerntet, im Hintergrund: der Ötscher

DIRNDLMANUFAKTUR

Kirchberg an der Pielach

KULINARIK GENIESSEN

Dirndl für den Gaumen

Das Superfood aus dem Pielachtal: Die Frucht der Kornelkirsche, vulgo Dirndl, steckt voller Vitamin C, schützt das Immunsystem und regt die Verdauung an. Bei den Fuxsteiners setzt man voll und ganz auf die alte Wildfrucht.

Noch bevor im März die ersten Blätter sprießen, läutet im Pielachtal zarter, **GELBER BLÜTENFLAUM** den Frühling ein. Das, was hier die ersten Farben aufs Wintergrau zaubert, sind die Blüten der Kornelkirsche, auch Gelber Hartriegel oder – im hiesigen Dialekt – Dirndlstrauch genannt. Seine Früchte werden nicht größer als Oliven, umso erstaunlicher, dass sie trotz so frühzeitiger Blüte erst im Spätsommer erntereif sind. Gut Ding braucht eben Weile; die Natur lässt sich Zeit, viele wertvolle Inhaltsstoffe in die alte Wildfrucht zu packen: Die kleinen ovalen Früchte strotzen vor **VITAMIN C** und **ANTHOCYANEN**, die für die rötliche Farbe verantwortlich zeichnen und im menschlichen Körper als **ANTIOXIDANTIEN** dienen. Sie enthalten bedeutende Mengen an **KALIUM** und **EISEN** sowie eine Vielzahl an natürlichen, verdauungsfördernden **FRUCHTSÄUREN.** Schon **HILDEGARD VON BINGEN** empfahl den Verzehr bei Magen- und Darmproblemen, heute weiß man weiters um die entzündungshemmenden, adstringierenden, fieber- und blutdrucksenkenden Eigenschaften der Dirndl.

Das klingt jetzt schon fast zu gesund, um gut zu schmecken? Josef Fuxsteiner reicht den Kostlöffel mit einem Klacks Marmelade – der Gaumen nimmt eine ungewöhnliche Geschmackskombination aus süß und sauer wahr, begleitet von einem leicht gerbigen Gefühl im Mund. Könnte man sich glatt dran gewöhnen. Weiter geht die Verkostung durch die Produktpalette: **SIRUP, CHUTNEY, SCHOKOLADE, EDELBRAND** und **LIKÖR** bestärken den ersten Eindruck: mjhmjamm! „Früher wurden die Dirndl im Winter oft roh gegessen; sozusagen das Popcorn von anno dazumal. Gleichzeitig war es Hausmittel zur Stärkung des Immunsystems und zur Anregung der Verdauung“, erklärt Josef Fuxsteiner aus dem Pielachtal. „Auf unserem Hof wurde, wie auf vielen anderen

UNTERWEGS

MIT PLAN

DIRNDLMANUFAKTUR
Moderner Hofladen, Filmvorführung, Führungen und Verkostungen (nach Voranmeldung)

Mi–Fr 8–12, 14–17,
Sa 8–12 Uhr geöffnet

Tradigistgegend 17, Kirchberg an der Pielach, T +43 2722 7408
www.fuxsteiner.at

auch, zudem daraus Schnaps gebrannt. In schlechten Zeiten diente er als begehrtes Tauschgut."

Für einige Zeit war die Wildfrucht ins Vergessen geraten. Doch der robuste Strauch, der bis zu 800 Jahre und noch älter wird, blieb in der Landschaft erhalten – als **GENÜGSAME PFLANZE** gedeiht er ganz prächtig ohne jegliche Pflege. „Die Dirndlstaude ist extrem vital. Sie braucht keinen nahrhaften Boden und passt sich der Witterung perfekt an – ihr können weder Hitze noch Trockenheit noch Nässe etwas anhaben. Zur Not wartet sie mit der Reife, bis die Bedingungen passen", kommt Josef Fuxsteiner schnell ins Schwärmen, wenn er von

Dirndlschnaps nach alter Tradition, modern präsentiert.

der Dirndl spricht, die heute auf seinem Hof die Hauptrolle spielt. Er war dabei, als es um die Jahrtausendwende zur Rückbesinnung auf das Superfood seiner Vorfahren kam: „Gemeinsam mit anderen Landwirten gründeten meine Eltern die Edelbrandgemeinschaft Pielachtal. Ein paar Jahre später, im Jahr 2004, wurde das Pielachtal zum **DIRNDLTAL** ausgerufen. Für den neuen Kirtag wurde eine Dirndlkönigin gesucht, meine Frau bewarb sich und durfte dann die Krone eine Zeit lang tragen. So wurden wir allmählich bekannt."

Mittlerweile übersteigt die Nachfrage nach seinen Produkten das Angebot bei Weitem. Als reiner Familienbetrieb sind die Kapazitäten der „1. Dirndlmanufaktur" nämlich begrenzt, zumal neben der Dirndl auch noch andere alte Obstsorten wie **HAUSZWETSCHKE** oder **ROTER HOLUNDER** verarbeitet werden. Da wird eigenhändig geklaubt und gesammelt, eingekocht und eingemaischt, eingesackt und eingeglast – drei Generationen von Fuxsteiners wird damit nicht langweilig.

Die Dirndl ist sehr gesund – und trotzdem köstlich. In ihr zeigt sich die Raffinesse der Natur.

ERLEBEN

Wildes Mittelalter: Die Burgruine über dem nahen Ort Rabenstein an der Pielach steht auf Grundmauern aus dem 12. Jahrhundert. Sie ist umgeben von dichtem Wald, gibt aber trotzdem Blicke auf den Ort und die Umgebung frei. Markierter Weg ab Feuerwehrhaus Rabenstein, 2,5 km, 1 Std.

~

Wilder Westen: Auf dem Kollerberg gegenüber der Ruine Rabenstein wurde ein Westerndorf aufgebaut, das einen rund 150 Jahre in der Zeit zurückversetzt. Kleine Gastronomie, ab und zu Country- und Westernfeste. Ende März bis Okt., Fr Mittag bis So Abend geöffnet. Königsbach 4b, Rabenstein an der Pielach, T +43 676 7466161

greenhorns.at

GENIESSEN

Wilde Geschmacksvielfalt: Beim Kalteis in Kirchberg regiert der gute Geschmack der Region, Chef Hubert Kalteis weiß, wie man traditionelle Produkte zeitgemäß auf die Teller bringt.

Do–So geöffnet, Melker Straße 10, Kirchberg an der Pielach, T +43 2722 7223

www.kalteis.at

WEITERE TIPPS

Oben: Der Einödhammer ist der Umkehrpunkt an der Schmiedemeile.
Unten: Die neue Erlebnisbrücke ist natürlich aus Eisen gefertigt.

SCHMIEDEMEILE UND FERRUM

Ybbsitz

KULTUR GESCHICHTE

Des eigenen Schlüsselanhängers Schmied

Ein kurzweiliger Ausflug in alte Zeiten: Der Themenweg „Schmiedemeile" zur Industriegeschichte der wilden Landschaft im südlichen Mostviertel vereint Kulturerlebnis mit Naturgenuss.

Die sogenannte Eisenwurzen schließt das Mostviertel gegen Süden hin ab. Hier sind die Berge schroffer, die Wälder dichter, die Flüsse wilder als anderswo im Land. Was heute Mountainbikern oder Fans des Canyoning zur Freude gereicht, hat früher für großen Wohlstand gesorgt: Ab dem späten Mittelalter siedelten sich im Einzugsgebiet des steirischen Erzbergs entlang der kraftvollen Flüsse die Schmiede an. Sie betrieben mit ebendieser Wasserkraft und mithilfe des reichlich vorhandenen Holzes ihre **HAMMERSCHMIEDEN.** Damit wurden sie derartig reich, dass sie sich neben ihren Werkstätten mit den mächtigen Essen elegante Herrenhäuser errichten ließen.

Mit der industriellen Revolution fand diese Pracht ein abruptes Ende. Von den Aberhunderten von Schmieden, aus denen es damals klopfte und hämmerte, sind nur noch ein paar wenige in Betrieb. Wenn überhaupt, denn vielerorts ist diese alte Welt komplett untergegangen. In Ybbsitz jedoch ist das Eisen nie aus der Mode geraten. Einzelne Firmen haben es geschafft, ihr altes Gewerbe in die Moderne zu transferieren, fertigen etwa statt einfachen Werkzeugen neuerdings Kampfsportdegen oder Stahlprofile anstelle von Eisenpfannen.

Auf der anderen Seite haben sich Bürgermeister und Gemeinde des Themas Eisen angenommen und Projekte als Hoch auf die Vergangenheit angestoßen, die heute zum immateriellen **UNESCO KULTURERBE** „Schmieden in Ybbsitz – traditionelles Handwerk" zählen. Hier kommen wir als Ausflügler ins Spiel.

UNTERWEGS

MIT PLAN

FERRUM – WELT DES EISENS
April bis Dez. Mo 13–17, Di–Fr 9–17, Sa 9–16, So 10–16 Uhr geöffnet

Markt 24 (Tourismusbüro), Ybbsitz

~

SCHMIEDEMEILE
Jederzeit öffentlich zugänglich, ca. 7 km hin (Tourismusbüro Ybbsitz – Einödhammer) und retour mit drei Abstechern, Folder erhältlich am Ausgangspunkt Tourismusbüro.

Einziger Minuspunkt: Stellenweise führt der Weg entlang der Straße.

~

SCHMIEDEERLEBNISSE
Schmiedekurse lt. Jahresprogramm,

Ybbsitzer Messermarkt jeden September

Schmiedefest Ferraculum mit großer internationaler Beteiligung jedes 2. Jahr im Juni

Erlebnis-Schmiedetag für Familien, ein- bis zweimal an einem So im Monat lt. Jahresprogramm

T +43 7443 85300
www.schmieden-ybbsitz.at

Da ist zum einen die **SCHMIEDEMEILE.** Ein Themen-Erlebnis-Natur-Kultur-Wanderweg, dessen Hauptdarsteller der Prollingbach ist. Eigentlich ist es ja mehr ein supernetter Spaziergang, der den Bach ausgehend vom Ortszentrum begleitet. Außergewöhnliche Kunstwerke aus Stahl und Eisen, mit oder ohne Rost, säumen den Weg von einer Thementafel zur nächsten. Die großen Stars dieser Route sind die **ALTEN HAMMERWERKE** am Wasser, die montanhistorische **KÖHLEREI** sowie die wunderschöne **BACHNATUR** mit dem Höhepunkt **ERLEBNISBRÜCKE:** Hier spannt sich die markante, moderne Edelstahlbrücke des lokalen Künstlers **FRANZ WAHLER** über den wild wuchernden Uferwald. Vereint sozusagen Kultur- mit Naturerlebnis in höchster Perfektion.

Anfangs- und Endpunkt des Wanderspaziergangs ist der **MARKTPLATZ** in Ybbsitz. Alle Fäden laufen hier zusammen, denn neben dem Start zur Schmiedemeile liegt hier auch die Tourismusinfo sowie das **„FERRUM – DIE WELT DES EISENS“**. Dieses modern gestaltete Museum nähert sich mit vielen interaktiven Elementen dem Thema Eisen aus verschiedenen Blickwinkeln: chemisch, geologisch, wirtschaftlich, künstlerisch … Zudem findet sich hier die Schaltzentrale für die vielen Schmiedeveranstaltungen des kleinen Ortes. Ein besonderer Hit sind die **ERLEBNISSCHMIEDETAGE** für Familien, die an mehreren sommerlichen Terminen entlang der Schmiedemeile stattfinden: Dann raucht es aus den Essen der alten Hammerwerke, und alle sind willkommen, sich selbst etwas zu schmieden. Etwa einen Schlüsselanhänger.

Selbst ein Werkstück zu schmieden ist eine großartige Erfahrung.

Hör mal, wer da hämmert!

ENTSPANNEN

Pack die Badehose ein: Das Ybbsitzer Freibad liegt direkt an einer Badebucht an der kleinen Ybbs, fürs ausgiebige Schwimm-, Spring- und Rutschvergnügen stehen eigene Becken zur Verfügung.

Mitte Mai bis Anfang Sept. tgl. geöffnet

Am Wöhr 2, Ybbsitz

GENIESSEN

Most trifft Eisen: Schmieden macht durstig – was erklärt, warum in der Eisenwurzen so mancher Mostbauer zu Wohlstand gelangte. Wir empfehlen die Einkehr beim Mostheurigen Klein-Eibenberg mit Most von den eigenen Streuobstwiesen und Spezialitäten vom eigenen Hof.

Mai bis Juli, Sept., Okt. Sa, So, Fei ab 15 Uhr geöffnet, Familie Hönickl, Haselgraben 14, Ybbsitz, T +43 7443 86346

www.klein-eibenberg.at

WEITERE T TIPPS

Oben: Haflinger sind echte Gebirgspferde, sie lieben die Ötschergegend.
Unten: Herrliche Panoramen zwischen Ötschergipfel und Erlauf tun sich auf.

HAFLINGER REITEN

Josefsberg

AKTIVITÄT
NATUR

Familientipp

Blondinen bevorzugt

Die sattgrüne Welt zwischen Ötscher und Gemeindealpe aus dem Sattel erleben: Mit den robusten Haflingern vom Schaglhof gelingt das Vergnügen perfekt. Sie sind nicht ganz so sattelfest? Dann können Sie hier auch einfach mal Reinschnuppern ins sprichwörtliche Glück der Erde.

Daramdaram. Daramdamdam. Der Schotter knirscht unter den Hufen, der Pferdehals dampft unter den Händen. Im gleichmäßigen Rhythmus des Hafis unter mir fliegt rechts und links der Wald vorbei, und auch wenn es das Pferd ist, das galoppiert, geht mein Atem schwer und tief: Das Mitschwingen im Takt ist eine schweißtreibende Angelegenheit. Nach einiger Zeit hebt Anja ganz vorne die Hand, es ist das Signal, durchzuparieren, und wieder in gemütlichen Schritt zu fallen. Das geht erstaunlich leicht, die lieben Haflinger kennen die Strecke nämlich genau und wissen, wo sie bolzen dürfen und wo Ruhe angesagt ist.

Die Stelle ist auch perfekt, um anzuhalten: Vor uns spannt sich das wunderbare **PANORAMA** einer Berglandschaft mit dem markanten Gipfel des **ÖTSCHER** im Mittelpunkt. Die berühmten Gräben ziehen dunkle Schatten, auf der linken Seite begrenzt die Gemeindealpe den Blick. Es sind zwar keine 2000er, doch die Gegend zeigt sich steil und rau, stellenweise fast so wie echtes Gebirge. Hier wachsen die Haflinger vom Schaglhof auf riesigen Weiden auf, von Mitte Mai bis Mitte Oktober schnuppern sie keine Stallluft. Wenn's regnet, dient ihnen der Wald als Schutz. „Wer so aufwächst, ist **ROBUST, TRITTSICHER UND NERVENSTARK.** Genau das zeichnet unsere Haflinger aus", sagt Anja Pesau, die Tochter des Hauses, die für den Reitbetrieb verantwortlich ist.

Stammen Haflinger nicht aus Tirol? „Genau gesagt aus **SÜDTIROL**, aber sie passen perfekt zu uns. Gut 300 Jahre lang wurden sie bei uns in der Land- und Forstwirtschaft eingesetzt", erzählt Anja, während wir langsam weiterreiten. „Doch mit der Einführung der Traktoren ab den 1950ern wurden sie quasi arbeitslos." Vielerorts

UNTERWEGS

MIT PLAN

REITERHOF SCHAGLHOF

Ausritte zwischen einer und fünf Stunden – wer ausreiten möchte, muss zunächst in einer Bahneinheit seine Sattelfestigkeit beweisen.

Ponyreiten, Schnupperreiten, Longieren. Außerdem im Angebot: Spring- und Dressurstunden, in den Ferien Reiterwochen

Was auch immer Sie planen: unbedingt vorab buchen, am besten direkt bei Stallchefin Anja Pesau.

Haflingermarkt immer am dritten Samstag im August. Zuchtschau, Showvorführungen, Festzug und Bauernmarkt. Wer Glück hat, gewinnt bei der Tombola – ein Haflingerfohlen!

Lassingrotte 41, Wienerbruck,
T +43 2728 348
www.schaglhof.at

sind die hübschen Pferde mit der blonden Mähne aus den Ställen verschwunden, am **SCHAGLHOF** sind es mehr denn je. Anja dazu: „Meine Großeltern hatten damals schon Urlaubsgäste am Bauernhof. Die interessierten sich für unsere Pferde, wollten gerne reiten und so hat sich alles entwickelt." Bald schon stellte man auch die Zucht um, weg vom schweren Arbeits- hin zum modernen **FREIZEITPFERD.** Das zeichnet sich durch schlanken und feingliedrigen Körperbau aus, ganz im Gegensatz zu früher, gleichzeitig aber ist es so klar im Kopf und gutmütig wie eh und je.

Rund vierzig Hafis – vom Fohlen bis zum Zuchtpferd – gehören zum Schaglhof, ein Teil davon verdient im Reitbetrieb seine Brötchen. „Lange Zeit haben wir nur Ausritte für unsere Hausgäste angeboten. Dann bauten wir eine Halle, ich habe den Reitinstruktor gemacht und heute findet hier jeder Reiter, vom Anfänger bis zum Turniergänger, den passenden Unterricht", so die Pferdefrau. Auch ein paar **SHETLANDPONYS** gehören in Anjas Stall, sie dienen den Kindern für allererste Reiterfahrungen.

Genug geplaudert, Pia unter mir ist auf einmal ganz unruhig – „eh klar, sie weiß, jetzt kommt der Abschlussgalopp nach Hause", zwinkert mir Anja zu. Wir richten uns wieder auf einer geordneten Linie hinter Anja ein, sie gibt das Zeichen, und los geht die Jagd. Daram, daram, daramdamdam. Das Glück der Erde und so ...

Ein Galopp durch den Wald macht frei und unbeschwert.

Kulissen wie gemalt begleiten den Ausritt.

ERLEBEN

Den Sattel wechseln: 3,5 km Singletrails in verschiedenen Schwierigkeitsstufen sowie ein 1,9 km langer Uphill-Trail machen Mountainbikern an den Josiberg Trails Spaß (Mitte April bis Mitte Oktober, Josefsberg 19, Josefsrotte, www.josibergtrails.at).

~

Den Sattel verlassen: Der Themenwanderweg „Jochis Höfe-Abenteuer“ wird vom Haflinger Jochi begleitet. Er führt zu elf Bauernhöfen, wo lehrreiche Rätsel zu lösen sind. Ab/bis Schaglhof, 10 km, 3 Std.

www.mostviertel.at/jochis-hoefe-abenteuer-in-annaberg-2

GENIESSEN

Eine gute Basis: Am Eingang zum Naturpark Ötscher-Tormäuer steht das moderne Holzhaus namens Ötscherbasis. Es ist Infostelle, Shop und Café-Restaurant in einem. April bis Nationalfeiertag tgl. 8–16.30 geöffnet, das Gasthaus mit idyllischer Terrasse am Ufer eines kleinen Stausees Mi–So ab 9, warme Küche 12.30–17.30 Uhr.

www.naturpark-oetscher.at

WEITERE T TIPPS

Abkühlung direkt in der Ybbs
im nostalgischen Flussbad von Hollenstein

NIEDERÖSTERREICH SPONTAN

INS WASSER SPRINGEN

Freibad, Badesee oder Flussstrand – was ist Ihre Wahl? Fünf Tipps für heiße Sommertage.

1 NATURBADETEICH MITTERTEICH

Von den ganz vielen Teichen im Waldviertel sind die meisten den Fischern vorbehalten. Am idyllischen Mitterteich im Hoheneicher Wald in der Nähe von Gmünd dürfen Sie aber ganz legal ins kühle Nass eintauchen.

Pürbacher Straße 372, Hoheneich.
www.hoheneich.at

2 THERMALSTRANDBAD BADEN

Historische Art-déco-Architektur meets modernes Badevergnügen: Wasserrutschen, Sprungturm und Sportbecken, Schwefelbecken, Strömungskanal und Sandstrand mit Adriaflair – das Badener Freibad ist einzigartig.

April bis Sept. tgl. geöffnet,
Helenenstraße 19–21, Baden.
www.baden.at

3 AUBAD TULLN

Großer Badesee (mit Insel) in einem naturnahen Auwald – ausgestattet mit Rutschen, Ballspielarealen, Erlebnisspielbach, Sandstrand für Kids und mehreren Spielplätzen.

Mai bis Aug. geöffnet,
Donaulände 78, Tulln.
www.tulln.at

4 STRANDBAD HOLLENSTEIN AN DER YBBS

Hier gibt's kein Chlor im Wasser – denn gebadet wird direkt in der kristallklaren Ybbs! Schwimmer- und Nichtschwimmerbereich, Strand, große Liegewiese, historische, behutsam renovierte Holzgebäude.

Mai bis Sept. geöffnet,
Oisberg 28, Hollenstein/Ybbs.
www.hollenstein-ybbs.gv.at

5 RATZERSDORFER SEE

Noch fast im Zentrum von St. Pölten lädt der Ratzersdorfer See zu ausgiebigem Schwimmvergnügen – oder aber zu allerlei anderen sportlichen Aktivitäten am Trockenen wie Beachvolleyball, Minigolf oder Skaten.

Jederzeit öffentlich zugänglich,
Bimbo-Binder-Promenade, St. Pölten.
www.st-poelten.at

Infos
Wiener Alpen,
www.wieneralpen.at

Spontan MIT PLAN

NIEDERÖSTER-REICHISCHE ALPEN

So richtig hochalpin ist Niederösterreich nirgendwo, aber immerhin: Mit 2076 m ist der Schneeberg der höchste Berg Niederösterreichs. Hier kommen Berggeher voll auf ihre Kosten, aber es sind halt schon recht viele von ihnen, die an schönen Wandertagen die Höhen bevölkern: Die Bundeshauptstadt ist nah. Aus diesem Grund haben Touristiker die Gegend ja auch Wiener Alpen getauft.

An den waldreichen Nordflanken des Schneebergs verläuft sich dann der Besucherstrom zwischen immer noch recht ansehnlichen Erhebungen. Ausgenommen im bekannten Naturpark Hohe Wand ist man oft allein auf weiter Flur – etwa in den charakteristischen Schwarzföhrenwäldern des Piestingtals, wo man Glück mit dem Pech hat.

Südöstlich ans Schneeberg-Rax-Massiv schließen Semmering und Wechsel an, in dessen Schatten die Bucklige Welt (nomen est omen!) einen eigenen Mikrokosmos darstellt. Sie punktet mit außergewöhnlichen Ausflugszielen, vom Windrad bis zur Wildkräuterküche – lassen Sie sich überraschen.

Der Stockersche Speisesaal ist auf altmodische Art
wunderbar heimelig.

KRÄUTERWIRTIN GERDA STOCKER

Lembach

KULINARIK GENIESSEN

Gerda und die Gundelrebe

Wenn Gerda Stocker den Kochlöffel schwingt, wird es intensiv aromatisch. Mit exotischen Geschmacksnuancen verzaubert sie die Gaumen ihrer Gäste. Dabei lautet ihr Motto: „Wozu in die Ferne schweifen, wenn das Gute wächst vor meiner Haustüre?"

„Ein Männlein steht im Walde, ganz still und stumm, es hat vor lauter Purpur ein Mäntlein um" – wer erinnert sich noch an den Kinderreim vergangener Tage? Das Liedchen singt von der Hagebutte, die Oma damals in mühseliger Arbeit zu Marmeladen oder Saft verarbeitet hat. Heute kaufen wir Orangensaft aus dem Süden im Tetrapak, um unseren Vitamin-C-Bedarf zu decken. Mit der saisonunabhängigen Verfügbarkeit von Lebensmitteln aus aller Welt haben wir uns endgültig von unseren sammelnden Vorfahren gelöst.

Gerade in den letzten 60 Jahren ist viel Wissen um wilde Früchte und Kräuter verloren gegangen. „Die alten Leute in unserer Region haben noch fleißig damit gekocht und kuriert", erzählt Gerda Stocker aus der Buckligen Welt, wie sie auf die Idee kam, **WILDKRÄUTER** in ihrer Küche einzusetzen. „Das hat mich neugierig gemacht, und so habe ich mich, weil kaum mehr Leute da sind, die etwas weitergeben können, zur Kräuterpädagogin ausbilden lassen." Im Laufe eines Jahres hat die Köchin das Wesentliche gelernt, um es stolz in ihren eigenen Kreationen in der Küche einzusetzen. Das war genau das Tüpfelchen auf dem i, das ihr bisher für ihren Landgasthof – den sie in vierter Generation führt – gefehlt hat.

Heute sammelt sie beispielsweise Holler, Akazienblüten, wilde Minze, Schafgarbe und Gundelrebe, um damit ein erfrischendes **KRACHERL** zu produzieren. Dieses ist zu 100 Prozent bio und kommt in der Herstellung mit minimalen Transportwegen aus. „Die Kräuter und Früchte wachsen direkt vor meiner Haustüre", macht Stocker eine ausladende Handbewegung, „Es ist so schön, wenn man mit **LOKALEN ZUTATEN** kochen kann. Außerdem müssen Wildkräuter in der Natur sehr resistent sein und haben daher wesentlich mehr Inhaltsstoffe als normale Kräuter."

UNTERWEGS

MIT PLAN

LANDGASTHAUS KRÄUTER-WIRTIN GERDA STOCKER
Do bis So Nachmittag geöffnet

Lembach 11, Lembach,
T +43 2646 2288
www.kräuterwirtin.at

~

KOCHKURSE UND KRÄUTERWANDERUNGEN MIT GERDA STOCKER
Werden auch in Kombination angeboten, verschiedene Termine sind ausgeschrieben. Ab vier Personen auch nach individuellen Wünschen buchbar.
Kontakt siehe Landgasthaus

Der exotische Geschmack der Heimat

Das erklärt die unglaubliche **EXPLOSION AN UNGEWÖHNLICHEN GESCHMÄCKERN**, die sich im Gaumen entfaltet, wenn man etwa in Stockers „**GESUNDEN BUCKEL**“ beißt: ein Gemüseburger aus Wildkräuterfladenbrot mit einer Creme aus Löwenzahn, Giersch, Schafgarbe, Gundelrebe und Brennnessel bestrichen und mit Stiefmütterchenblüten garniert. Man kitzelt damit jene Sensoren auf der Zunge, die sonst nur wenig beansprucht werden, und die für herb, würzig und bitter empfänglich sind. Außerdem zeichnet sich das vermeintliche Unkraut durch besonders intensive Aromen aus.

Verwendet werden, je nach Pflanze, die unterschiedlichsten Teile, von den Blüten über die Samen bis hin zu Blättern und Wurzeln. Aber auch wilde Früchte, darunter unveredeltes Obst und Beeren, sowie Pilze sind Teil der Stockerschen Wildkräuterküche.

Das Kochen hat die Kräuterwirtin unter anderem im Steirereck und beim Obauer gelernt, ihr Favorit unter den Wildkräutern ist die **GUNDELREBE**: „Die krautig wachsende Staude mit den hübschen violetten Blümleins zeichnet sich durch einen besonders interessanten Geschmack und Geruch aus. Sie ist extrem vielseitig einsetzbar, bei mir findet sie Platz in Süßspeisen wie in würzigen Gerichten.“ Wie so eine Gundelrebe aussieht und wo man sie findet? Das erfährt man bei einer Kräuterwanderung mit der energiegeladenen Köchin, die mit ihrer Wildkräuterküche unter Gourmets längst Kultstatus hat.

Welches Kräutlein wächst denn da?
Gerda Stocker teilt gerne ihr Wissen.

ERLEBEN

Burgruine Kirchschlag besuchen: Auf dem 480 m hohen Schlossberg stehen die imposanten Reste der im 12. Jahrhundert erbauten Burg Kirchschlag. Der ehemalige Feuerturm dient als Aussichtswarte. Fußweg vom Parkplatz ca. 10 min.

~

Rosenduft einatmen: Die mächtigen Mauern an der Pfarrkirche geben den schützenden Rahmen für üppig blühende und betörend duftende Rosen. Der Zugang zum „Rosenlehrpark" erfolgt über ein rosenumranktes Entree an der Brücke.

BADEN

Ein Burgbad nehmen: Badevergnügen mit Sprungturm und Rutsche im Bad am Fuße des Burgbergs. Mai bis Sept. tgl. 9–19, Mitte Juni bis Mitte Aug. bis 20 Uhr geöffnet, Wiener Straße 11, Kirchschlag

Das Handwerk der Naturharzgewinnung ist eingetragen in der Liste des immateriellen UNESCO Kulturerbes.

PECHERMUSEUM UND -LEHRPFAD

Hernstein

ERFORSCHEN ERFAHREN

So ein Glück mit dem Pech

Wer viel im Wald unterwegs ist, kennt das: Man stützt sich kurz an einen Baumstamm und schon sind die Finger mit Harz verpickt. Der zähe Saft schützt die Bäume vor Verletzungen, aus dem reichlich fließenden Harz der Schwarzföhre gewinnt man im südlichen Wienerwald traditionellerweise Pech.

„Es war eine echte Schinderei. Leiter rauf, Pechhäferl ausleeren, Leiter runter, weiter zum nächsten Baum. Stundenlang“, erinnert sich Leopold Nebel an seine Jugendzeit. „Es hat mir aber nichts ausgemacht, ich habe es als gutes Konditionstraining für meine Fußballambitionen gesehen.“ Kräftige junge Burschen gab es damals recht viele in Hernstein, denn die meisten Familien hatten neben ihrer Landwirtschaft auch noch mehr oder weniger viele **SCHWARZFÖHREN**, denen sie das Harz zur Pechgewinnung abzapften. „Daneben gab es noch die Berufspecher, die gut die Hälfte der Bevölkerung ausmachten. Es war zwar ein harter Job, aber sehr gut bezahlt – die Pecherfamilien waren richtig gut situiert“, erzählt Nebel weiter.

Das im Wald in mühseliger Kleinarbeit gewonnene **ROHHARZ** wurde in familiären Pechsiedereien und später in den Fabriken der großen Genossenschaften weiterverarbeitet, besonders gefragt war Pech als **SCHMIERMITTEL FÜR MASCHINEN**, als **BESTANDTEIL IN STRASSENBELÄGEN** sowie als wichtiger **ROHSTOFF IN DER FARBEN-, SEIFEN- UND PAPIERINDUSTRIE.** Bis in die 1970er-Jahre hinein war die Pecherei ein lukratives Handwerk, danach wurde sie durch die Kunststoffindustrie weitgehend verdrängt. Die Ausstellung im winzigen **PECHEREIMUSEUM** in Hernstein dokumentiert das Handwerk im Wandel der Jahrhunderte, die einzelnen Arbeitsschritte, die sich tausendfach wiederholten, die Pecherei im Jahreslauf und die Weiterverarbeitung.

Der wirkliche Besuchswert des Museum liegt indes in seinen engagierten Mitarbeitern. Jeder vom Team hat, wie das in Hernstein eben so üblich ist, selbst Erfahrung mit der Pecherei. Karin Steiner etwa, die sich zu

UNTERWEGS

MIT PLAN

PECHERMUSEUM HERNSTEIN
Mai bis Okt., So, Fei 10–12 Uhr geöffnet

Pfarrgasse 2, Hernstein
www.hernstein.gv.at

~

PECHERLEHRPFAD HERNSTEIN
Startpunkt des Spaziergangs ist Am Hart, Parkplatz neben der Straße, jederzeit frei zugänglich.

Der als Runde angelegte Lehrpfad ist wenig anstrengende 1,5 km lang und dauert ca. 1 Std.

Leopold Nebel und mir gesellt hat, entstammt einer Familie von Berufspechern und erzählt von ihrer Großmutter, die das Essen mit dem Leiterwagerl in den Wald gebracht und beim Becherentleeren geholfen hat. „Das Pech war auch ein probates **HAUSMITTEL**. Wie jeder Pecherhaushalt hatten auch wir unsere eigene **PECHSALBE**, die gegen jede Form von Entzündungen, aber auch bei Fieberblasen, Muskelverspannungen oder rissiger Haut zum Einsatz kam", spinnt Steiner den Faden zur Gegenwart. „Durch den Trend zurück zur Natur erlebt unser altes Handwerk heute eine Renaissance – unser Harz entwickelt sich zum gefragten Bestandteil in der **NATURKOSMETIK**."

Heilkraft aus dem Innersten der Föhren

Warum man ausgerechnet das Harz der Schwarzföhre verwendet? „Sie ist besonders harzreich und sehr robust, sie verkraftet die Verletzungen durch die Harzgewinnung über Jahrzehnte hinweg unbeschadet", weiß Steiner weiter. Pinus nigra wächst vorwiegend in der Mittelmeerregion, aber auch hier im südlichen Wienerwald fühlt sie sich wohl. Die ältesten noch lebenden Bäume zählen um die 800 Jahre.

So wählen wir als Abschluss des Ausflugs in die Welt der Pecher den Spaziergang am **PECHERLEHRPFAD** im Wald, wenige Minuten vom Museum entfernt. Harziger Duft empfängt uns, über unseren Köpfen formen sich die Baumkronen zu einem dunkelgrünen Schirmdach, unter unseren Füßen weicher Waldboden. Gleich zu Beginn staunen wir über die **MODERNE KAPELLE**, deren Symbolik sich uns dank des vom Museum mitgebrachten Flyers eröffnet. Danach vertiefen wir uns an **SECHS STATIONEN** in das vorher erworbene Wissen und machen uns direkt ein Bild von der einst so beschwerlichen Arbeit im Wald.

Der verwundete Baum heilt
sich selbst mit Harz – was übrig bleibt,
wird aufgefangen.

WEITERE TIPPS

ERLEBEN / GENIESSEN

Waldspaziergang mit Gaumenfreude verbinden: Der Spaziergang am Pecherlehrpfad lässt sich einfach erweitern. Biegen Sie am Umkehrpunkt nicht den Wegweisern folgend nach links in den Wald, sondern bleiben Sie geradeaus (parallel zum asphaltierten Güterweg). Der Ort Alkersdorf rückt bald ins Blickfeld, nehmen Sie gleich die erste Straße, die nach rechts abbiegt und nach wenigen Minuten stehen Sie vor der „Genussalm Blutalm". Hier können Sie sehr nett einkehren (Mi–So, Fei geöffnet, Alkersdorf 11, blutalm.at, Tischreservierung empfohlen, T +43 2633 47200). Nachher auf gleichem Weg wieder hinauf zum Wald, geradeaus weiter tiefer hinein und an der zweiten Abzweigung eines Waldwegs nach links. Nach 400 Metern sind Sie wieder am Pecherlehrpfad und können die lehrreiche Runde zu Ende bringen (insgesamt 2,7 km).

Oben: Don Quijote und Sancho Panza: im Miniaturformat und trotzdem detailreich
Unten: Zinnfiguren sind in Minutenschnelle gegossen.

ERLEBEN ENTDECKEN

Familientipp

Die Welt im Maßstab 1:60

Vom Kinderzimmer in den Herrensalon und weiter in die Gaming-Welt von heute. Zinnfiguren haben seit gut 300 Jahren Saison – in Katzelsdorf entführen rund 35.000 davon in knallbunte Anderswelten.

Ein muskulöser Afrikaner, nur mit einem Lendenschurz bekleidet, stellt mit seiner Lanze einem Vogel Strauß nach. Der schwingt seine langen Haxen auf der Flucht durch den Urwald. Ein Affe hockt unter einem Bananenbaum, er betrachtet die Jagd mit stoischer Ruhe. Der Häuptling im Dorf ist derweil damit beschäftigt, einen Angreifer, der ihm ans Leopardenfell möchte, abzuwehren; um seinen linken Arm windet sich eine Schlange. Auf nicht einmal einem halben Quadratmeter präsentiert sich uns eine Szene aus dem tiefsten Afrika zur Zeit der ersten Missionare (oder so, wie man sich das im fernen Europa damals so vorgestellt hatte). Die einzelnen Figuren sind bloß **DREI ZENTIMETER GROSS**, aber mit unglaublichem **DETAILREICHTUM** ausgestattet.

„Die ersten in größerer Masse hergestellten Zinnfiguren waren Beigaben für Naturkundebücher, um den Kindern die Welt nahezubringen; exotische Tiere wie Affen, aber auch Bauernhof- oder Zirkustiere", erzählt Franz Rieder, die gute Seele der Zinnfigurenwelt Katzelsdorf. „Auf die Idee waren die **ZINNKANDELMACHER** gekommen, denen Mitte des 18. Jahrhunderts die Geschirrverkäufe einbrachen, weil sich das günstigere Steingut durchsetzte. Davor hatte es zwar auch schon Zinnfiguren gegeben, doch das waren teure Einzelstücke, die den zahlungskräftigsten Kunden vorbehalten waren." Mit der Produktion durch die Kandelgießer fanden Zinnfiguren Einzug in die Kinderzimmer der gehobeneren Schichten. Rieder: „Es war völlig unerheblich, ob sich das ‚Erlebnis Spielen' im Wilden Westen, bei den Seeräubern oder anlässlich einer Burgstürmung stattfand. Auf historische Richtigkeit wurde kaum Wert gelegt."

Für einen gewaltigen Aufschwung im Zinnfigurengewerbe sorgten etwas später die vielen Kriege in Europa, allen voran die

UNTERWEGS

MIT PLAN

ZINNFIGURENWELT KATZELSDORF
Sa, So, Fei 10–17 Uhr geöffnet

Hauptstraße 69, Katzelsdorf
www.zfw-katzelsdorf.at

Die große Welt im Miniaturformat

Feldzüge Napoleons – die großen Schlachten wurden zunächst in den Kinderzimmern und dann bald auch von den Vätern in ihren Herrenzimmern nachgestellt. Im 20. Jahrhundert schließlich hatte man die Nase voll vom Krieg, viele Herrschaften wurden zu Sammlern, die Wert auf Detailgenauigkeit, historische Exaktheit, aufwendige Gravur und Bemalung legten.

Auch heute noch ist die Nachfrage groß. Franz Riedl, der mit seinen Mitstreitern vom Museumsverein selbst Zinnfiguren gießt und in alle Welt verkauft, sagt dazu: „Wir **PRODUZIEREN RUND 30.000 ZINNFIGUREN PRO JAHR** – der Bogen der Auftrag-

WEITERE TIPPS

ERLEBEN

Durch den Auwald wandern: Vom Ausgang der Zinnfigurenwelt nach rechts über den Schlossplatz und über die Brücke an die Leitha. Hier startet der Themenweg „Leitha Au", die 3,8 km lange Runde führt vorbei an vielen Spiele- und Infostationen durch den herrlichen Auwald. Die Leitha selbst präsentiert sich hier die meiste Zeit des Jahres als trockenes Bachbett mit Pfützen, nur bei Hochwässern fließt tatsächlich ein Fluss. Das trübt die schöne Stimmung in der Au aber kaum.

GENIESSEN

Heurigenschenke oder Haubenküche?
Besonders praktisch liegt der Genussbauernhof Böhm direkt gegenüber vom Parkplatz der Zinnfigurenwelt (Hauptstraße 86), dessen Heurigenschenke mehrmals im Jahr ausgesteckt hat. Man isst und trinkt hier vorzüglich. Heurigenkalender auf www.katzelsdorf.gv.at

Haubenküche serviert man im Restaurant Kupfer-Dachl. Mi bis So, Eichbüchl 23, T +43 2622 78236

www.kupfer-dachl.at

geber spannt sich vom Regionalmuseum, das seine eigene Sammlung aufpoliert und ergänzt, über den Ausstellungskurator, der eine historische Begebenheit zur nächsten Sondershow nachstellen lässt, bis hin zur Blaskapelle, die ihrem Kapellmeister ein Diorama zur Pensionierung schenkt. Wir besitzen historische Formen, arbeiten aber auch mit Künstlern zusammen, die uns neue entwerfen."

So bunt wie die Nachfrage ist auch die Ausstellung in der Zinnfigurenwelt Katzelsdorf zusammengestellt. Zu sehen sind **RIESIGE DIORAMEN** wie etwa von der **TÜRKENBELAGERUNG VOR WIEN**, der **BELAGERUNG KUFSTEINS DURCH MAXIMILIAN I.** oder von **ERZHERZOG JOHANNS EINZIGEM SIEG** – aber auch den **MISSIONAREN IN AFRIKA**, den **ALTEN ÄGYPTERN** oder dem **BIEDERMEIERLICHEN SPITTELBERG** sind eigene Schaubilder gewidmet. Asterix und Obelix, die drei Musketiere, Rapunzel und ihr Prinz ... in Summe lassen **RUND 35.000 FIGUREN** verschiedene historische Momente wieder auferstehen oder helfen in fiktiven Szenen der Fantasie auf die Sprünge. Apropos Fantasie: Eine eigene Community trifft sich regelmäßig im Museum, um Strategiespiele zu basteln und hernach zu spielen. Die Zinnfigur hat auch im 21. Jahrhundert ihren Platz gefunden.

Durch die Leitha-Au führt ein herrlicher Spaziergang.

Oben: Der Ausblick aus der Kanzel des Windrades
Unten: Im Forschungspark wird Kleinwindkraft entwickelt.

WINDRAD LICHTENEGG

Lichtenegg

ERFORSCHEN ERFAHREN

Familientipp

Vom Winde verweht

Ein Windrad ist heutzutage längst ein gewohnter Anblick. Allerdings sieht man es selten so ganz alleine dastehen und noch seltener kann man sogar ganz hinauf und die Welt durch wischende Rotorblätter von oben betrachten. Daher: Auf nach Lichtenegg in der schönen, grünen, buckligen Buckligen Welt!

Der Star der Szenerie ist der Schneeberg, der jetzt im Frühjahr noch immer ein weißes Kleid trägt. Daneben markiert der Wechsel die Grenze zur Steiermark und weiter schweift der Blick übers Wiener Becken bis hinüber nach Bratislava, wo das Schloss gerade noch schemenhaft auszumachen ist. Mindestens genauso toll wie das ferne Panorama ist die nahe Aussicht: Direkt zu unseren Füßen scheint die Natur einen Topf grünen Lacks ausgegossen zu haben, die weichen Buckel der Buckligen Welt (welch treffender Name) präsentieren sich in satten Grüntönen von Futterwiesen, Heckenzeilen, Feldern und Wäldern.

Der **RUNDUMBLICK** ist also schon mal gelungen, aber auch der Ort des Ausblicks ist spektakulär: Wir stehen **65 M METER ÜBER DEM BODEN** in der **VERGLASTEN KANZEL** unmittelbar unter dem Generator, im gemächlichen Takt wischen die Rotorblätter des Windrades durch unser Bild. Ganz leichte Vibrationen sind zu spüren. Auffallend ist außerdem, dass es **DAS EINZIGE WINDRAD WEIT UND BREIT** ist. „Unser Plan war nie ein Windpark, es geht uns darum, die lokale Bevölkerung zu versorgen. Das Windrad ist ein **BÜRGERBETEILIGUNGSPROJEKT**, so gab es von Anfang an große Akzeptanz bei den Einheimischen", erzählt Peter Ramharter von der **BUCKLIGEN WELT WIND** bei der Führung. „Unser Windrad schafft 1800 Volllaststunden und kann damit den Jahresbedarf von rund 750 Haushalten decken." Der Wind hier, so lässt er wissen, hat einen ganz eigenen Charakter, denn die Rotorblätter werden angetrieben vom Luftstrom, der durch die Alpen ausweicht.

UNTERWEGS

MIT PLAN

WINDRAD LICHTENEGG
Mai bis Sept. Sa, So 13–17 Uhr geöffnet. Es gibt weitere Termine zu Spezialthemen wie Vollmond, Sternennacht mit den Plejaden oder Halloween. 289 Stufen sind auf der Wendeltreppe im Inneren des Windrades zu überwinden, Kinder dürfen ab 12 Jahren und 1,40 cm Körpergröße hinaufsteigen. Energielehrpfad jederzeit öffentlich zugänglich.

www.bww.cc

Sonnen- und Windkraft vereint

Aufgestellt wurde das Windrad 2002 nach zehn Jahren Planung. Die Aussichtskanzel war schon bald fix projektiert, rasch hat sie sich zum Besuchermagneten entwickelt. Sie ist aus Sicherheitsgründen nur mit Führung zugänglich, was wiederum den Vorteil hat, dass man dem Guide bezüglich Technik und Windkraft ein Loch in den Bauch fragen kann. Dieses Angebot wird oft und gerne angenommen.

Zu ebener Erde ist das Windrad von einem **ENERGIEFORSCHUNGSPARK** umgeben, durch den ein kurzer **LEHRPFAD** führt. Zu sehen gibt es allerlei kleinere Windräder, die in ihrer Form oft nicht auf den ersten Blick als solche zu erkennen sind – was aussieht wie Künstlerskulpturen wird hier einem umfangreichen Praxistest unterzogen. Peter Ramharter dazu: „Gemeinsam mit dem Technikum Wien erforschen wir hier die verschiedenen Windradtypen. Unser Standort ist ideal, er bietet innerhalb eines Vierteljahres das komplette Windspektrum vom Starkwind bis zur Flaute." Es geht hier vorwiegend um **KLEINWINDKRAFT**, passend zur Gegend mit ihren vielen abseits gelegenen Bauernhöfen. „Unsere Vision ist ein möglichst hoher Selbstversorgungsgrad durch erneuerbare Energien, auch eine große Photovoltaikanlage ist geplant." In Zeiten wie unseren ein vortrefflicher Plan.

Panoramablick mit Taktgeber

Der Blick vom Hofladen in den Ziegenstall zieht magnetisch an.

ERLEBEN

Mandls Ziegenhof entdecken: Drei Ecken vom Windrad entfernt geht Familie Mandl mit ihrer Landwirtschaft ungewöhnliche Wege: Man setzt auf Ziegen und öffnet die Türen für Besucher. März bis Weihnachten: Hofladen und Ziegenpanorama (kleine, selbst geführte Hofrunde) Do–Sa 10–17, So ab 13.30 Uhr geöffnet, große Führung jeden Sa um 14 Uhr (nach Voranmeldung, für Gruppen ab sieben Personen nach Vereinbarung möglich).

Pengersdorf 7, Lichtenegg,
T +43 676 9444963
www.ziegenhof.at

~

Den Wind im Gesicht spüren: Die 23 km lange, hellblau markierte „Windradroute" startet in Lichtenegg, führt vorbei am Windrad und weiter nach Hollenthon. Über die Spratzau (siehe Genießen) geht es wieder retour an den Ausgangspunkt. Gratis E-Bike-Lademöglichkeit am Windrad

GENIESSEN

Immer einen Grund für gutes Essen haben: Im Gasthaus Spenger „Zum schönen Grund" gibt's gute Hausmannskost mit regionalem Touch – und eine große Auswahl an Pizzas. Da ist für Groß und Klein das Richtige dabei.

Do–Mo geöffnet, Lichtenegg – Spratzau 38, Hollenthon, T +43 2643 2323

www.gasthausspenger.at

Oben: Der Motorikpark hat es in sich!
Unten: Im Sommer lädt der Speichersee zum Stand-Up-Paddeln ein.

ERLEBNISARENA

St. Corona am Wechsel

AKTIVITÄT NATUR

Familientipp

Früh übt sich der Ninja Warrior

Im Motorikpark von St. Corona geht es ans Eingemachte: Schlotternde Knie, ein ordentlicher Muskelkater und natürlich viel Spaß sind garantiert. Weitere Action bieten die Wexl Trails für Mountainbiker – etwas weniger heftig geht es an der Sommerrodelbahn und beim Stand-Up-Paddling zur Sache. Bewegungstiger hierher!

Uppsala, ganz schön wackelig, die Dinger. Da werde ich wohl bald mein Gleichgewicht verlie...

Platsch, schon liege ich da.

Nun gut, aufstehen, Krönchen richten, weiter geht's – es warten noch 24 Stationen mehr, an denen Balance, Koordination und Fitness gefragt sind. Mein Ehrgeiz ist gepackt, sehe ich den Kindern zu, die da so mir nichts, dir nichts über Gummibänder laufen, sich tarzanmäßig an Seilen von einer Plattform zur nächsten schwingen, über hüfthohe Steinschwammerl hüpfen oder an einem Netz senkrecht nach oben klettern. Aber selbst den Geschicktesten gelingt nicht alles auf Anhieb, dazu ist der Motorikpark in der Erlebnisarena von St. Corona am Wechsel zu gefinkelt. Manche Hindernisse sehen aus, als ob man sie direkt aus dem Ninja-Warrior-Studio hier im Grünen abgeladen hätte. Als an sich recht sportlicher Mensch bin ich erstaunt, dass man diese Hürden tatsächlich ganz ohne langes Training bewältigen kann.

Normalerweise kennt man Spiel- und Bewegungsgeräte ja bloß als Anhängsel in kleinstädtischen Parks, nach fünf Minuten sind die wenig aufregenden Geräte durch – jener von St. Corona hingegen ist eine echte Wucht. Ein echter **MOTORIKPARK** eben. Er ist auch das Herzstück der 2016 am alten Skigelände eröffneten Erlebnisarena. Ellis Gugerell vom Marketingteam: „Unser kleines, altgedientes Skigebiet schrieb nur mehr Verluste, das Aus war vorprogrammiert. Da entschied man sich, in ein Freizeitangebot fürs ganze Jahr zu investieren."

UNTERWEGS

MIT PLAN

ERLEBNISARENA ST. CORONA

Motorikpark mit Trampolinanlage, Sommerrodelbahn, Mountainbikecenter Wexl Trails mit Lines für alle Könnerstufen, Trainern, Bikeverleih und -lift, Ameisenpfad mit Rätselrallye, Stand-Up-Paddle-Station am Speichersee

April, Mai, Okt. Fr bis So, Fei, Fenster- und Ferientage, Juni bis Sept. tgl. 9–18 Uhr geöffnet, Unternberg 197, St. Corona am Wechsel

www.erlebnisarena.at

Der Mensch ist nicht zum Sitzen geboren.

Die Wahl fiel fürs Erste auf einen Motorikpark und einen Mini-Bikepark – rasch stellte sich heraus, dass man damit den Nerv der Zeit getroffen hatte. „Das Angebot wurde von Beginn weg auch von den Einheimischen super angenommen, so ist die Erlebnisarena sukzessive gewachsen", sagt Ellis weiter. „Die **SOMMERRODELBAHN** wurde eröffnet, ein **KUGELBAHNWEG** für die ganze Familie sowie der **AMEISENPFAD** für Kinder angelegt und am Speichersee eine **STAND-UP-PADDLE-STATION** errichtet. Im Winter ist nach wie vor **SKIFAHREN** auf dem Programm."

Und natürlich hat man das **MOUNTAINBIKE-ANGEBOT** ausgebaut, das zum zweiten Herzstück der Erlebnisarena gereift ist. Aller Anfang findet im **MINI-BIKEPARK** statt, der mit einer Art Zauberteppich als Aufstiegshilfe ausgestattet ist. Hier lernen Kinder ab drei Jahren das Biken über Stock und Stein, auf der **SKILLSLINE** können auch Fortgeschrittene ihre Technik auf Wurzelteppich, Steinfeld und Übungsdrops verbessern – gerne unterstützt von den Profitrainern der Bike School. Wer halbwegs sicher im Sattel sitzt, geht ins Gelände und nimmt den **SCHLEPPLIFT MIT SPEZIALBIKEBÜGEL** bergauf, nur um sich, je nach Können, auf **GRÜNEN** (für absolute Neulinge), **BLAUEN** oder **ROTEN TRAILS** sofort wieder talwärts zu stürzen. Die Fast-schon-Profis können ihren Mut auf der **SCHWARZEN DOWNHILL-LINE** kühlen oder in der Jumpline auf Tables, Shark Fins und Road Gaps ihre Airtime aufstocken. Rund um die Erlebnisarena stehen Tourenfahrern außerdem gleich **15 PANORAMATRAILS** zur Wahl, die zu den verschiedenen Schwaigen (Almen) im Wechselgebiet führen. Na, noch Wünsche offen?

GENIESSEN

Kulinarische Auswahl haben: In der chilligen Wexl Lounge haben Sie bei Speis und Trank das Geschehen im Visier (unübersehbar an der Talstation). An der Sommerrodelbahn bekommen Sie in der Kronaushütte Kaffee, Jause und das köstliche Eis vom Eis-Greißler (beide: Öffnungszeiten wie Erlebnisarena). Wer lieber bodenständig einkehrt, findet am Ausgangspunkt vom Ameisenpfad den klassischen Orthof (Do bis Di, Orthof 16, www.orthof.at) und noch ein Stück weiter droben die Herrgottschnitzerhütte (Mi bis So, 45 Min. zu Fuß ab Parkplatz Orthof, www.mimm.at).

ANSCHAUEN

In die Tiefe gehen: Unweit der Erlebnisarena können Sie in der Hermannshöhle, der größten Tropfsteinhöhle Niederösterreichs, untertauchen – wie die Fledermäuse, die hier ein Quartier gefunden haben. Osterwoche tgl., April und Okt. Sa, So, Fei, Mai bis Sept. tgl. 9–16.30 Uhr geöffnet, Führungszeiten siehe Website

www.hermannshoehle.at

WEITERE TIPPS

Früh übt sich, wer ein Mountainbiker werden möchte.

In der Schremser Baumhauslodge sind Naturfreaks
wie Architekturfans bestens gebettet.

NIEDERÖSTERREICH SPONTAN

ÜBERNACHTEN

*Sie möchten länger raus als bloß einen Tag?
Voilà, fünf Tipps für gelungene Sternenstunden.*

1 SCHLOSSHOTEL ROSENAU

Man gönnt sich ja sonst nichts: Im Schloss Rosenau residieren Sie in barocker Pracht. Unterm gleichen Dach ist das sehenswerte Freimaurermuseum untergebracht.

Schloss Rosenau 1, Schloss Rosenau.
www.schlosshotelrosenau.at

2 SCHREMSER BAUMHAUS-LODGE

Zwischen schroffem Granit, dunklem Gewässer, Buchen, Eichen und Fichten, einem Hohlweg, kleineren Senken und einer langen Steinmauer verteilen sich die einzelnen, äußerst modern gestalteten Häuser in den Bäumen.

Herrenteichweg, Schrems.
www.baumhaus-lodge.at

3 BURG PLANKENSTEIN

Burgfräulein und Ritter aufgepasst: In den mächtigen alten Mauern der Mostviertler Burg schlafen Sie gut behütet! Jedes Zimmer ist individuell ausgestattet, statt TV gibt's romantisches Flair.

Plankenstein 1, Texing.
www.burgplankenstein.at

4 LOOSHAUS AM KREUZBERG

Klare Linien und schlichte Funktionalität sind das Markenzeichen des weltberühmten Architekten Adolf Loos – das Looshaus mit Panoramablick auf den Semmering ist eines seiner Spätwerke. Bei Renovierungen wurde darauf geachtet, den Originalzustand so wenig wie möglich zu verändern.

Kreuzberg 60, Payerbach.
www.looshaus.at

5 OCHYS WALDHÜTTEN

Träumen unter Bäumen: In den Baumhäusern schlafen Sie dank Glasdach direkt unterm Sternenhimmel ein – und erwachen mit Blick ins Grün der Baumkronen.

Waldfreizeitpark, Schulberg 40, Niederkreuzstetten.
www.ochys.at

Info
Wienerwald Tourismus,
www.wienerwald.info

Biosphärenpark Wienerwald,
www.bpww.at

Spontan MIT PLAN

WIENERWALD

Willkommen im schönsten Fitnessstudio der Welt! Joggern, Wanderern, Nordic Walkern, Spaziergängern, Mountainbikern und Reitern steht direkt vor der City diese wunderbare Freiluftarena namens Wienerwald zur Verfügung, die sie jederzeit und kostenlos nützen können.

Wie eine Hand umfasst der Wienerwald die Großstadt im Westen. Er zieht sich von der Donau bis an die Kante zum flachen Wiener Becken, wo Thermalquellen aus dem Boden sprudeln und Wein gedeiht. Seine gesamte Fläche ist als UNESCO Biosphärenpark deklariert. Zum Erhalt möglichst ursprünglicher Wälder sind Kernzonen eingerichtet, im Fokus steht allerdings das nachhaltige Zusammenspiel von Mensch und Natur und damit die Bewahrung der artenreichen Kulturlandschaften – Wiesen, Weiden, Weinrieden.

Das wiederum gereicht uns Freizeitsuchenden zur großen Freude, denn durch diese Vielfalt ist es hier einfach wunderschön – egal, ob Sie mit dem Esel an der Hand durchs Land ziehen oder auf der Suche nach der Elsbeere sind: Sie werden begeistert sein!

Oben: Der Blick schweift von der Warte übers Irenental bis in die Voralpen.
Unten: Neben der alten Warte führt eine Stahlstiege zur richtigen Aussicht.

TROPPBERGWARTE

Kernzone Biosphärenpark Wienerwald

AKTIVITÄT
NATUR

Über den Baumrand blicken

Weite Aussichten und tiefe Einsichten bringt der Ausflug an den Troppberg. Die Warte ist nur zu Fuß zu erreichen und eingebunden in einige ordentliche Wandertouren – die gute Nachricht: Auch kurze Spaziergänge führen zum Ziel.

37, 38, 39, die Schritte verlangsamen sich.

62, 63, 64, die Knie werden weich – ganz schön viel Luft ist da unter den Füßen zu sehen.

126, 127, 128, geschafft!

Gezählte **128 STAHLGITTERSTUFEN** sind überwunden, durchatmen.

Der Blick schweift übers flache Tullnerfeld an die Donau und hinüber ins Weinviertel bis hin zum Buschberg. Weiter im Uhrzeigersinn rücken Wien und – an ganz klaren Tagen – die Schemen von Bratislava ins Blickfeld, gegen Süden öffnet sich schließlich das **VORALPENPANORMA:** Hochwechsel, Schneeberg und Rax, Gippel und Ötscher sind auszumachen. Man hat von hier heroben halb Niederösterreich im Visier.

Die Geschichte des Aussichtsturms liest sich wie ein Schildbürgerstreich: 1870 errichtete der Purkersdorfer Verschönerungsverein am breiten Gipfel des Troppbergs eine elf Meter hohe, steinerne Warte. In Scharen strömten die Erholungsuchenden mit der Westbahn aus Wien nach Purkersdorf und zu Fuß weiter hoch zum Aussichtspunkt – heute sieht man von der alten Warte aus nur noch in dichtes Laub: Man hatte beim Bau offensichtlich darauf vergessen, dass die umliegenden Bäume weiter wachsen würden. So baute man 1962 eine Betonwarte mit Wendeltreppe an, die mit ihren 20 Metern zwar fast doppelt so hoch war, aber dennoch bald wieder von den Bäumen überragt wurde; sie ist heute gesprengt. In einem bis dato letzten Versuch, das Baumwachstum zu überflügeln, wurde dann 1991 die stählerne Warte konstruiert, die mit ihren 128 Stufen 24 Meter hoch in den Himmel führt. Noch reicht das gut.

UNTERWEGS

MIT PLAN

WEGVARIANTEN
Viele Wege führen auf den Troppberg, aber alle zu Fuß. Sie sind bestens markiert. Den kürzesten Anstieg hat man von der Jausenstation Hoffmann aus, rechnen Sie mit einer halben Stunde für die 1,6 km lange Strecke. Der flachste Anstieg erfolgt vom Wienerwaldhof Rieger, für die 2,5 km lange Strecke sind 45 min zu veranschlagen.

Die Warte ist jederzeit frei zugänglich. In der Kernzone gilt das Wegegebot – es dürfen ausschließlich die markierten Wege benutzt werden.

~

BIOSPHÄRENPARK WIENERWALD
Naturkundliche Fakten, Wissenswertes zum Konzept der Biosphärenparks und jede Menge Veranstaltungen für Groß und Klein.

www.bpww.at

Egal welchen Weg man zur **TROPPBERGWARTE** nimmt, es fällt die Unordnung im Wald rundum auf, schlimmer als in jedem Kinderzimmer. Kreuz und quer liegen die Bäume am Boden, Reststämme staken wie abgeknickte Riesenstreichhölzer in die Luft, ausgerissene Wurzelballen mit mehreren Metern Durchmesser versperren den Durchgang. Flechten und Moose überziehen wie feiner Samt die schorfigen Rinden der Gefällten, Schwämme und Gräser wuchern aus morschigen Ästen. Man muss sich ein wenig besinnen, um zu bemerken: Dieses Chaos ist doch eigentlich der **NATURZUSTAND**, bloß kennen wir den aus unseren forstwirtschaftlich genutzten Wäldern gar nicht mehr!

Das Durcheinander am Troppberg verdanken wir dem **BIOSPHÄRENPARK WIENERWALD** – im Rahmen dessen Naturschutzaufgaben wurden **37 KERNZONEN** definiert, wie eben jene am Troppberg, und von der Nutzung ausgenommen. Bäume dürfen hier so alt werden, bis sie schließlich ohne menschliches Zutun etwa durch Windwurf, Insekten- oder Pilzbefall absterben. Das vermodernde Totholz liefert die Nährstoffe für die nächste Baumgeneration und ist gleichzeitig eine wichtige Grundlage für die Artenvielfalt im Wald: Tausende Arten, darunter viele Pilze und Käfer, sind davon abhängig. Kurz gesagt, lässt man in den Kernzonen der Natur seit einigen Jahren freien Lauf, langfristig soll hier wieder echter Urwald entstehen. Angesichts des bereits jetzt herrschenden Chaos kann man nur sagen: Die Richtung scheint zu stimmen.

Am Horizont der Schneeberg, zu Füßen reinstes Chaos

ERLEBEN

Große Troppbergrunde Süd/Nord: Zahlreiche Wanderrouten führen in mehr oder weniger großen Bögen zur Troppbergwarte. Beim Bahnhof Unter-Tullnerbach startet und endet die Große Troppbergrunde Süd (15 km/5 Std.), beim Gasthof Rieger die Große Troppbergrunde Nord (11 km/4,5 Std.). Die Touren sind gut ausgeschildert, trotzdem schadet es nicht, die Augen offen zu halten, um den Weg nicht zu verlieren.

GENIESSEN

Rustikal oder gehoben einkehren: Je nach Ausgangspunkt des Spaziergangs empfiehlt sich eine der beiden Einkehrstationen: Most-Stubn & Jausenstation Hoffmann (Sa, So, Fei ab 11.30 Uhr geöffnet, Riedanleiten 62, Irenental) – sehr rustikal. Wienerwaldhof Rieger (Mo, Di Ruhetag, Strohzogl 67, Irenental, www.wienerwaldhof.at) – mit Stil.

WEITERE TIPPS

128 Stufen haben wir gezählt.

Oben: In der samtigen Tropenluft fühlen sich die Falter wohl.
Unten: Das Glashaus wird von Dinosauriern bestens bewacht.

DUMBA PARK

Tattendorf

ERFORSCHEN · ERFAHREN

Familientipp

Schmetterling meets Dinosaurier

Der Freizeitpark in der Triesting Au bietet eine kuriose Mischung an Attraktionen: ein Tropenglashaus voller bunter Schmetterlinge, eingebettet in einen Park mit 35 lebensgroßen Dinosaurierfiguren, anschließend ein Kletterpark mit 64 Hindernissen und daneben das Schlaffassdorf. Hier gibt es auf kürzesten Wegen viel zu staunen und zu erleben.

Einfach mal still stehen und abwarten. Es dauert keine Minute und ein Schmetterling hat auf meinem Arm Platz genommen. Er ist in etwa so groß wie meine Hand und ein echtes Prachtexemplar mit seinen leuchtend blauen Flügeloberseiten. Die, so lerne ich, sind gar nicht wirklich blau, sondern transparent. Die Farbe entsteht erst durch Lichtbrechung, was das herrliche Schillern erklärt. Allerdings hat der Falter bei der Landung die Flügel rasch eingeklappt, er zeigt mir nun seine Tarnung an der Unterseite: Zarte grafische Striche malen ein braun-beiges Muster, aus dem eine Reihe fein ziselierter Augen hervorsticht – sie dienen als Abschreckung gegenüber Fressfeinden. Diese detailreiche Flügelunterseite könnte der Feder Albrecht Dürers entsprungen sein.

Das herrliche Tier ist ein Blauer Himmelsfalter, eine von 22 Arten, die im 2021 eröffneten **TATTENDORFER SCHMETTERLINGSHAUS** den Besuchern um die Nase flattern. Darunter der feuerrot gezeichnete Passionsblumenfalter, der Malachitfalter mit seinem wie aquarellierten Grün-Orange oder der kleine Schokoladenfalter mit seinen Schwarz- und Brauntönen. In Summe sind es **RUND 500 EXEMPLARE**, die im tropischen Milieu des Glashauses nebst allerlei Blüten für fröhliche Farben sorgen. „Unsere Pflanzenauswahl, von der Bananenstaude bis zur Passionsblume, hat mit den Arten zu tun, die wir hier beherbergen,

UNTERWEGS
MIT PLAN

DUMBA PARK
Dumba Park 1, Mi bis So, Fei geöffnet. Reservierung dringend empfohlen. T +43 664 2333444

www.dumbapark.at

denn die Schmetterlinge haben ganz klare Präferenzen, was ihre Nahrungsquellen anbelangt", weiß Gustavo bei der Führung. „Wir beziehen unsere Schmetterlinge im Übrigen ausschließlich von seriösen Züchtern. Lediglich ein paar Bananenfalter reproduzieren sich auch bei uns im Haus."

Dass die Schmetterlinge so zutraulich sind, liegt am Schweiß und den Mineralien auf unserer Haut, die ihnen schmecken. Es hat jedenfalls nichts mir der Gewöhnung an den Menschen zu tun, denn dazu leben sie zu kurz – nur rund zwei, drei Wochen ist ihnen als Falter beschieden, nachdem sie zuvor die drei Entwicklungsstadien Ei, Raupe, Puppe durchgemacht haben. Als Puppe

Dieser wunderschöne Schmetterling ist ein Monarchfalter.

werden sie auch nach Tattendorf geliefert, wo sie im Puppenhaus optimale Entwicklungsbedingungen vorfinden. Alleine die Kokons sind eine Betrachtung Wert, mit etwas Glück wird man gar Zeuge der Metamorphose.

Tritt man aus dem Glashaus ins Freie, könnte der Kontrast nicht stärker sein: drinnen die filigranen, friedlichen Geschöpfe, draußen die riesigen, bedrohlichen Kreaturen aus einer anderen Ära. **35 LEBENSGROSSE DINOSAURIER** verteilen sich auf den Wald um die Schmetterlingswelt, sie laden zu einem Ausflug ins Mesozoikum. Die meisten beeindrucken durch ihre schiere Größe und ihr furchterregendes Aussehen, noch ein wenig mehr spooky wird es, wenn der eine oder andere, wie etwa der Nanotyrannus, seinen gewaltigen Schweif in Pendelbewegung versetzt und dazu faucht. Noch immer zu wenig aufregend? Dann rein in den dazugehörigen **KLETTERPARK** und in luftiger Höhe am Dinoparcours über diesem Jurassic Park schweben.

Im Puppenhaus
Naturwunder live erleben

WEITERE TIPPS

ERLEBEN

In luftigen Höhen klettern: Der Kletterpark gehört mit zum Areal, er schließt nahtlos an den Dinopark an. 64 Hindernisse in den Bäumen hat man zu sechs Parcours zusammengestellt. Kinder sind ab einer Körpergröße von 110 cm willkommen, für die Kleinsten hat man einen eigenen Bambini-Parcours konzipiert.

~

Im Schlaffass übernachten: Weil alles so kompakt beieinander liegt, lässt sich der Ausflug in wenigen Stunden erledigen. Man kann sich aber auch gemütlich Zeit dafür nehmen und ihn auf zwei Tage ausdehnen – und ein weiteres Abenteuer des Dumbaparks erleben: die Übernachtung im Schlaffass. Ausreichend Platz für zwei Erwachsene und zwei kleinere Kinder im Extrabett. Sind die Kinder größer, am besten zwei Fässer buchen.

GENIESSEN

Herrlich bodenständig essen: Alles aus einer Hand ist das Motto im Dumba Park. Zum Areal gehört auch noch das Rahofer-Bräu, das sich zur abschließenden Einkehr anbietet. Die Bestseller sind Burger, Ripperl und Flammkuchen.

Durch den Kreuzgang geht's zur Messe.

ERLEBEN ENTDECKEN

Zu Besuch bei den YouTube-Mönchen

Ein eher zufällig auf YouTube gelandetes Video machte die Mönche von Heiligenkreuz über Nacht zu Stars – ihr Gesang ging um die Welt, die CD landete ganz vorne in den Charts von Österreich bis nach Amerika. Das Live-Erlebnis eines Gregorianischen Chorals ist freilich nicht zu toppen. Ich möchte Sie hier zu einem meditativen Ausflug in den dichten Wienerwald inspirieren.

Die Kirschen in Nachbars Garten: Sind wir im exotischen Ausland und haben das Glück, an einem fremden religiösen Ritual teilzunehmen, sind wir meist hin und weg. Kommt dann auch noch Meditation ins Spiel, trifft das Erlebnis den Zeitgeist. Mystische Tranceerfahrung ist freilich auch Teil unserer eigenen, der christlichen Kultur – gelebt bis heute in den Klöstern.

Stift Heiligenkreuz, eingebettet ins tiefe Grün des Wienerwaldes, heißt Besucher dazu herzlich willkommen. Doch bevor wir uns bei den gesungenen Gebeten auf mentale Reise begeben, wollen wir uns beim Klosterrundgang darauf einstimmen. Wir schnappen uns an der Klosterpforte einen **AUDIOGUIDE** und tauchen ein ins komplexe Universum der mittelalterlichen Mönche.

Der **ROMANISCH-GOTISCHE KREUZGANG** etwa symbolisiert an seinen mehreren Hundert Säulen die Bäume des Paradieses, deren Knospen und Rankwerk in der Blütenpracht der Schlusssteine gipfelt. Grau-schwarz-beige-gelbliche Glasfenster, die zum Teil noch aus dem 13. Jahrhundert stammen, sorgen für mystisches Licht. Dieser monochrome **„GRISAILLE"-STIL** ist typisch für die Betonung von Schlichtheit und Schmucklosigkeit des Zisterzienserordens – wer genauer hinsieht, bemerkt indes, dass jedes Fenster sein eigenes Muster wirft.

Die Gründung des vom Babenberger **LEOPOLD III.** gestifteten Klosters Heiligenkreuz datiert auf das Jahr 1133. Diese Anfangsepoche ist noch allgegenwärtig, im Gegensatz zu vielen anderen Gotteshäusern in Österreich und Süddeutschland

UNTERWEGS

MIT PLAN

STIFT HEILIGENKREUZ
Klosterführungen mit Audioguide Mo bis Sa 9–11.30 (letzter Einlass 10.30) und 14–17.15 (letzter Einlass 16.30), So, Fei 14–17.15 Uhr

Den Chorgesang können Sie täglich zur Abendvesper (18 Uhr) miterleben oder zum letzten Gebet (19.50 Uhr). Außerdem zur Sonntagsmesse um 9.30 Uhr.

Markgraf-Leopold-Platz 1, 2532 Heiligenkreuz im Wienerwald
www.stift-heiligenkreuz.org

entfiel die Barockisierung hier weitgehend – man hatte kein Geld dafür. So werden wir heute in der Stiftskirche nicht durch Zierrat von der gewaltigen Raumwirkung abgelenkt, die sich sowohl im ursprünglichen **ROMANISCHEN LANGHAUS** als auch in der angebauten **GOTISCHEN CHORHALLE** entfaltet.

Diese uralten Grundmauern sind der perfekte Rahmen für den Gregorianischen Choral, der hier seit 900 Jahren mehrmals am Tag das Gotteslob singt. Diese alten Gesänge verhalfen dem Kloster 2008 zu weltweitem Ruhm: Durch den Hinweis eines Klosterbesuchers erfuhren die Mönche von der Suche einer Musikfirma nach „sacred voices", sie bewarben sich am letzten Tag der Frist via YouTube und wurden am nächsten Tag vom begeisterten Produzenten engagiert; das Video dazu ging durch die Decke. Die daraus entstandene **CD „CHANT – MUSIC FOR PARADISE"** schnellte sofort an die Spitze der Charts mehrerer Länder und erreichte Platinstatus.

Dabei sind die Gesänge eigentlich nichts Besonderes, ein **GREGORIANISCHER CHORAL** sind in Latein gesungene Psalmen und Bibelstellen. Diese Gesangsform entstand im 4. Jh. n. Chr., als die Kirche nach jahrhundertelanger Verfolgung endlich frei wurde, ihre Liturgie öffentlich zu feiern. Der Name geht auf **PAPST GREGOR DEN GROSSEN** zurück (540–604), dem die liturgischen Gesänge am Herzen lagen.

In unseren Ohren klingt der Gesang seltsam fremd, was nicht nur an der Sprache liegt: Im Vergleich zu Kirchenliedern, wie sie in Gemeindegottesdiensten üblich sind, werden die Melodien einstimmig vorgetragen, besitzen freien Rhythmus, also keine Takte, und bewegen sich außerhalb der gewohnten Tonarten Dur und Moll. Für die Mönche ist der Choral **„GESUNGENE BIBEL"** – eine musikalische Form der Bibelmeditation, des Nachsinnens über das Wort Gottes, aber auch Gebet und Gotteslob, dem sie sich verpflichtet haben. In uns Laien schlägt dieser fremdartige Gesang mit großer emotionaler Kraft spirituelle Seiten an, wenn man sich die Zeit nimmt, sich darauf einzulassen. Tipp: Warm anziehen, in mittelalterlichen Mauern ist es selbst im Hochsommer kühl.

Himmlische Sphären
im dunklen Wald

Das Brunnenhaus diente einst der Körperpflege der Mönche.

ERFAHREN

Von den Mönchen zu den Nonnen: Der Karmel Mayerling liegt nur 5 km von Heiligenkreuz entfernt. Das einstige Jagdschloss von Kronprinz Rudolf ging als Schauplatz seines gemeinsamen Freitodes mit Mary Vetsera in die Geschichte ein, nach der Tragödie wurde auf Kaiserwunsch daraus ein Kloster der Schwestern des Karmelordens.

April bis Okt. Di–So 10–17.30, Nov. bis März Sa, So, Fei 10–17 Uhr geöffnet.

www.karmel-mayerling.org

GENIESSEN

Köstlich speisen im Klostergasthof: Der Klostergasthof gegenüber der Klosterpforte liegt zur Einkehr nahe. Spezialitäten sind die frisch aus dem Becken gefischten Forellen sowie, zum süßen Abschluss, die Klostercremeschnitte. Die Lücke zwischen Ende der nachmittäglichen Besichtigungszeit und Abendgebet lässt sich hier hervorragend füllen. Tgl. geöffnet.

www.klostergasthof-heiligenkreuz.at

WEITERE T TIPPS

Aron überlegt noch, ob er wirklich schon weitergehen möchte.

ESELWANDERN

Breitenfurt

AKTIVITÄT

NATUR

Familientipp

Sind Esel wirklich so stur?

Motivationsschub für den nächsten Sonntagsspaziergang gefällig? Man nehme einen Esel an die Leine und wandere drauf los. So lässt sich der schöne, grüne Wienerwald entspannt und achtsam erleben, selbst Gehmuffel haben Spaß mit einem Esel am Führstrick.

Mögen Esel Karotten? Sind Esel stur? Beißen Esel? Fragen über Fragen, während das dichte Laub der Bäume die gemächlich trottende Karawane beschattet. Die Antworten geben Aron und Karel, der braune und der creme-braun gescheckte Esel, teils persönlich – Karotte? Sehr, sehr gerne. Stur? Nein, bloß meinungsstabil. Beißen? Never ever. Für nähere Details und alle anderen Fragen steht Christine Plocek zur Verfügung. So erklärt die Wanderführerin etwa die Mär von der Sturheit: „Esel haben, ganz im Gegensatz zu Pferden, nur einen schwachen Fluchtinstinkt. Ist ein Esel unsicher, läuft er nicht weg, sondern bleibt stehen und besieht sich die Angelegenheit. Er **WÄGT DIE SITUATION** ab, was auch einige Zeit dauern kann – und ihm den Ruf eingebracht hat, störrisch zu sein." Als ob Aron seinen Senf dazugeben möchte, bleibt er abrupt stehen. Er rammt seine Hufe auf der Forststraße in den Boden und macht sich steif. „Ja, Aron tendiert schon ein wenig zum Stursein. Aber er hat auch seinen guten Grund", lacht Christine, „Schau mal in seine Richtung: Dort ganz hinten steht ein Reh – und wenn Aron etwas Interessantes bemerkt, parkt er sich eben ein, um es genauer zu betrachten."

Das ist ein Punkt, warum wandern mit Esel besser ist als ohne: Aron und Karel nehmen Sinneseindrücke stärker wahr als wir Menschen. Mit ihren großen Lauschern können sie Geräusche weit **AUSSERHALB UNSERES HÖRBEREICHS** wahrnehmen, sie haben eine **340-GRAD-RUNDUMSICHT** und auch ihre Nasen sind deutlich **FEINER** als menschliche Riechorgane. Sie machen uns so auf Dinge aufmerksam, an denen wir achtlos vorübergehen würden. Beispielsweise auf einen Salamander, der im Gebüsch krabbelt, einen Hasen, der über eine Lichtung hüpft oder

UNTERWEGS

MIT PLAN

WANDERN MIT ESEL
Christine Plocek bietet Touren durch den Breitenfurter Wienerwald an. Vor der eigentlichen Wanderung steht einmal übers Fell wischen und eine kleine praktische Eselkunde am Programm. Dauer: ab zwei Stunden, Termine nach Vereinbarung, T +43 660 8106697

www.eselmobil.at

Und plötzlich ist ein G'riss um den Sonntagsspaziergang.

einen Raubvogel, der vom Waldboden abhebt. „Sie stellen für uns eine **VERBINDUNG ZUR NATUR** her", weiß Christine.

Aber auch um ihrer Selbst willen sind Esel ideale Wanderpartner: Es sind entzückende Wesen mit flauschigem Fell, die sich gerne streicheln und liebkosen lassen. Sie sind friedlich und sanftmütig, und im Umgang mit Kindern auch besonders vorsichtig. Der Nachwuchs lässt sich durch sie gut zum ansonsten ungeliebten (weil vermeintlich faden) Wandern animieren.

„Der Kontakt und Umgang mit Tieren wirkt sich generell positiv auf uns Menschen aus. Die Interaktion mit Tieren fördert das Gemeinschaftsgefühl, unterstützt uns beim Aufbau von Beziehungen und stärkt unsere Bindungsfähigkeit und Kooperationsbereitschaft. Verantwortungsbewusstsein und Empathie werden aktiviert", holt Christine Plocek ein wenig aus. „Das machen wir uns bei der **TIERGESTÜTZTEN THERAPIE** zunutze, der eigentliche Grund, warum ich Esel halte." Seit vier Jahren gehören Aron und Karl quasi zu ihrem Therapeutenteam, bald schon erweiterte sie ihr Angebot ums Wandern. Auch hier zeigt die Eselgesellschaft ihre Wirkung, Christine Plocek: „Titel, Geld und andere Äußerlichkeiten sind für sie ohne Belang, sie treten uns wertfrei gegenüber. Dafür fühlen sie unsere Stimmung und Ausstrahlung und reagieren darauf." Für Stress und Hektik ist also kein Platz bei der Eselwanderung, die beiden Langohren würden sich von ihrer störrischsten Seite zeigen. Wer sich indes auf die beiden Süßen einlässt, stellt rasch fest, wie sehr ihr gemächlicher Takt in der herrlichen Umgebung des Waldes die Entspannung von ganz alleine bringt. Grounding by donkey.

Das Spiel von Licht und Schatten
im dichten Wald

GENIESSEN

Hunger, jetzt gleich: Im nahen Gasthaus Kühmayer lässt sich das Erlebte bei klassischer heimischer Küche bestens verdauen. Mo Ruhetag, Stelzerbergstraße 34, Breitenfurt, T +43 2239 2256.

www.gasthaus-kuehmayer.at

~

Für später: Im Nachbarort Laab im Walde können Sie sich im „Das Dirndl" aus rund 800 regionalen Produkten eine (oder zwei oder drei) köstliche Mahlzeit(en) für daheim zusammenstellen. Die Palette reicht von Teigwaren über frisches Obst bis hin zu Fisch. Mo–Do 7.30–19, Fr, Sa, So bis 20 Uhr geöffnet, Fleischverkauf Fr 10–18, Sa 10–15 Uhr, Klostergasse 11, Laab im Walde, T +43 676 4942185.

www.dasdirndl.at

Oben: Der trendige Hofladen von Familie Mayer ist ganz der Elsbeere gewidmet.
Unten: Im Spätfrühling blüht das heimische Superfood.

HAUS DER ELSBEERE

Michelbach

KULINARIK GENIESSEN

Marzipan, das auf Bäumen wächst

Die Elsbeere ist eine Wildfrucht, die zwischen Wienerwald und Mostviertel gedeiht. Früher wurde sie im bäuerlichen Haushalt als Heilmittel geschätzt, heute erlebt sie ein Revival. Im Haus der Elsbeere kann man sie verkosten und mit den Elsbeerbauern ins Gespräch kommen.

Ein dezenter Hauch von Marzipan kitzelt den Gaumen. Wobei dezent eine leichte Untertreibung darstellt, die kleinen getrockneten Beeren erinnern im Geschmack stark an ein Silvesterschweinderl mit angenehm säuerlichem Abgang. Man glaubt es dem jungen Elsbeerbauern Jakob Mayer sofort, wenn er erzählt, die Vögel wären die größten Konkurrenten um die Ernte im Herbst. „Wir haben momentan **21 BÄUME**, die wir beernten. Einige davon sind über hundert Jahre alt. Die meisten hat mein Opa vor gut sechzig Jahren gesetzt. Wir steigen, gesichert mit einem Gurt, mit Leitern hoch und brechen die Dolden vorsichtig ab“, erklärt Jakob die Verarbeitung. „Abends sitzen wir dann zusammen und klauben die Beeren einzeln ab. Die schönsten werden getrocknet, der Rest wird eingemaischt oder zu Marmelade verkocht.“ Das Flaggschiff im Angebot ist der mandelaromatische **EDELBRAND**, für einen Liter Schnaps braucht es 25 kg Beeren, das sind rund 25.000 einzelne Früchte. „Da sitzt ein Einzelner schon mal acht Stunden dafür“, so der Jungbauer.

Das Mayersche Elsbeergeschäft ist fest in Familienhand, vier Generationen steuern ihre hilfreichen Hände bei. Chef ist Jakob Mayer: „Wir hatten zuletzt Mutterkuhhaltung, allerdings standen große Investitionen an. Wir überlegten hin und her und entschieden uns dann, das Vieh aufzugeben und auf Edelbrand mit Schwerpunkt Elsbeere zu setzen. Kurz danach habe ich den Hof übernommen, das war 2018.“ Ein Jahr später hat er das Haus der Elsbeere als schicken **HOFLADEN** eröffnet. Das wunderschöne Holzhaus liegt umgeben von den hofeigenen Streuobstwiesen, wo neben Elsbeeren auch **DIRNDL, ZWETSCHKEN, KIRSCHEN**

UNTERWEGS

MIT PLAN

HAUS DER ELSBEERE

Hofladen mit Schnapsverkostung und elsbeerkundiger Betreuung. Im brandneuen Holzchalet ein paar Schritte weiter lässt es sich mit Elsbeerbaumblick trefflich übernachten.

Mo bis Fr, 10–16, Sa bis 12 Uhr oder nach Vereinbarung geöffnet. Mayerhöfen 1, Michelbach

www.elsbeere.at

und **ALTE APFEL- UND BIRNENSORTEN** wachsen, die allesamt als Edelbrand oder Saft letztendlich im gut bestückten Laden landen. Daneben produziert Mayer noch Grünfutter und verkauft Holz – alles zusammengenommen lukriert das der Familie ein hinreichendes Auskommen.

Die große Liebe der Mayers gilt freilich der alten **WILDFRUCHT ELSBEERE.** Zum großen Stolz von Jakobs Eltern, die sich mit dem Verein Elsbeerreich sehr dafür eingesetzt haben, ist das „Odlatzbia Oröwen im Wie-

Zur Erntezeit im Herbst zeigt sich die ganze Pracht der Elsbeerbäume.

senwienerwald“ seit 2020 in der Liste des immateriellen UNESCO Weltkulturerbes zu finden. Gemeint ist das Abrebeln der Adlitzbeere, wie die Elsbeere im Dialekt genannt wird. Dieser arbeitsintensive Verarbeitungsschritt steht dabei als Titel, weil an diesen langen Abenden das traditionelle Know-how um die Kunst der Elsbeerkultur weitergegeben wird.

„Die Elsbeere ist ein **ALTES HAUSMITTEL BEI MAGEN- UND DARMPROBLEMEN.** Und zwar in beide Richtungen. Wenn wir auf Urlaub fahren, sind immer welche im Reisegepäck“, fasst Jakob Mayer ein wenig kulinarisches Wissen zusammen. „Traditionellerweise gab es in jedem Haushalt einen Elsbeerschnaps. Wir haben das Programm erweitert und führen neben unseren Edelbränden auch **HAUSGEMACHTE MARMELADEN, BLÜTENGEELES ODER CHUTNEYS.** Die schönsten Beeren werden getrocknet und in Likör oder Honig **EINGELEGT.** Sie passen aber auch hervorragend in Müslis, zu Wildspeisen oder zu Vanilleeis.“ Also dann: auf den Kofferraum!

Altes kulinarisches Wissen neu entdeckt

GENIESSEN

In die Schutzhütte einkehren: Das Gasthaus Hegerberg war ursprünglich eine Schutzhütte, was auf gerade mal 665 m Seehöhe in dieser restlos unalpinen Gegend ein wenig verwundert. Uns soll es recht sein, denn die Speisen hier sind hüttentypisch herzhaft, schmecken hervorragend und die Portionen machen richtig satt. Keine zehn Minuten mit dem Auto von den Mayers entfernt.

Mi bis So geöffnet
Hochstraß 27, Hochstraß,
T +43 2744 5652
schutzhaus-hegerberg.eatbu.com

ERLEBEN

Ins Land hineinschauen: Das Haus der Elsbeere liegt direkt am 10 km langen Elsbeerwanderweg – eine sehr schöne, gut beschriftete Rundwanderung. Um einen Eindruck von der wunderschönen Gegend zu bekommen, reicht aber auch ein Spaziergang: nach der scharfen Linkskurve bei der Anfahrt zum Hegerberg (siehe Genießen) ist rechter Hand ein Wanderwegkreuz zu sehen. Hier können Sie das Auto stehen lassen und in den Elsbeerweg einsteigen. Dieser führt durch einen Wald an eine riesige Wiese, wo bald schon der Schöpfl, der höchste Berg des Wienerwaldes, ins Blickfeld kommt. Die Aussicht auf die grünen (oder herbstlich bunten) Hügel ist phänomenal. Hinsetzen, staunen, durchatmen. Retour auf gleichem Wege (2,5 km hin und retour).

WEITERE T TIPPS

Hand aufs Herz: Wer bekommt am Skywalk
auf der Hohen Wand kein Herzklopfen?

NIEDERÖSTERREICH SPONTAN

FÜR ADRENALINJUNKIES

Viel Luft unter den Füßen garantiert ebenso Herzklopfen wie hoher Speed. Ultimativ adrenalinfördernd ist die Kombination von beidem.

1 SKYWALK HOHE WAND

Die Aussichtsterrasse im Naturpark Hohe Wand ragt aus einer nahezu senkrechten Felswand hervor. So kommt es, dass man im wenig alpinen Gelände ordentlich Muffensausen ob der Tiefe unter den Füßen bekommt. Jederzeit öffentlich zugänglich, Parkplatz beim Gasthof Postl, Postlstraße 77, Hohe Wand, 5 Min Gehzeit.

www.naturpark-hohewand.at

2 JUMPIN WARRIOR

In der großen Halle bei der SCS geht es so richtig zu Sache: In Österreichs größtem Ninja-Warrior-Erlebnispark warten unglaubliche 60 Hindernisse darauf, bezwungen zu werden – vom Rope Parcours bis zum Running Wall.

Di–So, SCS, Wiener Neudorf.
www.jumpin-warrior.at

3 BIKEPARK SEMMERING

Easy, medium und hard – das sind die Schwierigkeitsstufen für Mountainbiker im Bikepark am Semmering. Die größte Herausforderung ist die 2,2 km lange Downhill Line mit Wurzeln, Steinen und Sprüngen, Speedpassagen mit Anliegern sorgen dazwischen für ordentlich Tempo.

Mitte Mai bis Okt.,
Bergbahn Semmering-Hirschenkogel.
semmering.com

4 WASSERSKI UND WAKEBOARDEN

In hoher Geschwindigkeit übers Wasser düsen – beim Wasserski- oder Monoskifahren, beim Wakeboarden oder mit dem Reifen: ab nach Tulln an die Donau oder nach Langau zum Bergwerksee.

Juli bis Aug. bei Schönwetter tgl. am Nachmittag, Donauländе 1, Tulln sowie Juli bis Aug. Sa, So Bergwerksee Langau (Waldviertel).
www.wsc-tulln.at

5 HAMARI KLETTERPARK

15 Parcours mit 104 Stationen hat man behutsam in den Waldbestand integriert. Die absoluten Highlights im Mönichkirchner Hochseilgarten sind Flying Fox und die zwölf Meter hohe Kletterwand – sowie der schwarze Parcours für Kletterkönner.

Ostern, Juli bis Mitte Sept. tgl.,
Mitte April bis Juni, Mitte Sept. bis Okt. Sa, So, Fei,
Wechselpanoramastraße 276,
Mönichkirchen.
www.hamari.at

Info
Donau Niederösterreich,
www.donau.com

Spontan MIT PLAN

DONAULAND

Die schöne blaue Donau durchschneidet Niederösterreich ziemlich genau in der Mitte. Zugegeben: So richtig blau ist sie nicht immer, oft trägt sie erdige Farben. Schön ist es rechts und links vom großen Strom aber fast überall. Steile Weinrieden, dunkle Wälder mit steinigen Abbrüchen und wildromantische Auen säumen ihren Weg zum Schwarzen Meer. Hübsche Städtchens wie Krems laden zum Bummeln ein und im Sommer kommt an den vielen Stränden geradezu mediterranes Feeling auf. Ganz im Osten, zwischen den beiden Großstädten Wien und Bratislava, erstreckt sich die urtümliche Landschaft des Nationalparks Donauauen.

Der touristische Hochkaräter an der Donau ist natürlich das UNESCO Weltkulturerbe Wachau. Sie ist ein Gesamtkunstwerk aus Flusslandschaft zwischen schroffen Felswänden, kunstvoll terrassierten Weinbergen, fruchtbaren Obstgärten und historischen Winzerdörfern. Leider ist sie ziemlich – um nicht zu sagen restlos – überlaufen. Tipp: Nehmen Sie den ganz privaten Wasserweg oder lassen Sie sich zu meinem Lieblingsheurigen an die Hand nehmen.

Oben: State-of-the-Art der 1970er in der Kommandozentrale
Unten: Über die Personenschleuse kann man den Reaktor im Notfall verlassen.

AKW

Zwentendorf

ERFORSCHEN ERFAHREN

Atomkraft, nein danke!

Am 5. November 1978 erteilte eine hauchdünne Mehrheit der Österreicher der Kernenergie eine Abfuhr. Das bereits fix und fertige Atomkraftwerk in Zwentendorf wurde stillgelegt, aber nicht abgetragen – es steht heute als Mahnmal an der Donau. Besucher blicken ins Auge des Reaktors.

„Beam me up, Scotty." Dieser Satz steht unausgesprochen im Raum, der sichtlich aus einer Zeit stammt, als Niki-Pullis en vogue waren und Computer in hallenartigen Nebenräumen mit Magnetbändern gefüttert wurden. Aus einer Ära, als man noch dachte, man könnte Atomkraft sicher beherrschen – und ein Endlager für radioaktive Abfälle für die nächste Million Jahre würde sich über kurz oder lang auch noch finden.

Die **KOMMANDOZENTRALE** im obersten Stockwerk des Fast-AKWs Zwentendorf lässt die Herzen von Raumschiff-Enterprise-Fans höher schlagen: ein großes Steuerpult mit kantigen Monitoren und Dutzenden Hebeln und Schaltern, an der Wand gegenüber Warnleuchten und Druckanzeigen. Zwei Sessel, vier Wählscheibentelefone – eines davon in Rot, mit direktem Draht ins **BUNDESKANZLERAMT**.

Ein paar Etagen tiefer blicken wir dem Reaktor ins Auge. Genauer gesagt, schauen wir in ein tiefes Loch, das sich in der Dunkelheit verliert. **DIE RÖHREN FÜR DIE BRENNSTÄBE** sind leer und auch die Pumpen, die pro Sekunde **30.000 LITER KÜHLENDES DONAUWASSER** heranschaffen hätten sollen, stehen still. In Betrieb wäre das Becken über dem Reaktor mit Wasser gefüllt, das vor lauter Hitze blau leuchten würde: Die Strahlung hätte Temperaturen von bis zu 4000 Grad Celsius produziert. Man steht hier und gruselt sich.

Lange bevor heimische Milch für ein gutes halbes Jahr nicht getrunken werden durfte, weil es in Tschernobyl zur Katastrophe gekommen war, dachte man in Österreich schon über die friedliche Nutzung der Kernenergie nach. Atomstrom galt als günstig und gute Möglichkeit, die Abhängigkeit vom Ausland zu reduzieren. 1976

UNTERWEGS

MIT PLAN

KOSTENLOSE KRAFTWERKS-FÜHRUNGEN

Die Termine werden regelmäßig rund drei Monate im Voraus auf der AKW-Webseite veröffentlicht und sind rasch ausgebucht. **Tipp:** Immer wieder reinschauen und schnell buchen, wenn gerade freigeschaltet ist. Kindern ist der Zutritt erst ab 15 Jahren gestattet.

www.zwentendorf.com

~

VERANSTALTUNGEN

Der Reaktor ist auch immer wieder Schauplatz von Veranstaltungen. Als regelmäßiger Event hat sich das jährliche Shutdown-Festival, das Festival der harten Musik, im August, etabliert.

www.shutdownfestival.at

war Zwentendorf fertig gebaut, rund 1,7 Millionen Haushalte hätten von hier aus mit Strom versorgt werden sollen.

Doch es hatte sich Widerstand formiert. Viele der Protagonisten der späteren Grün-Bewegung wie **FREDA MEISSNER-BLAU** oder **GÜNTHER NENNING** waren erklärte Gegner der Atomkraft, sie riefen zu Protesten auf. Die SPÖ unter Bruno Kreisky stimmte einer **VOLKSABSTIMMUNG** im November 1978 zu und konnte das Ergebnis kaum fassen: Von rund 3,2 Millionen gültig abgegebenen Stimmen machten exakt 30.068 den Unterschied – **50,47 PROZENT** votierten für ein Nein zur Atomkraft.

In Zwentendorf wurde es still. Sämtliche Nachnutzungsideen – vom Friedhof der Senkrechtbestattung bis zum Museum der fehlgeleiteten Energien – wurden verworfen, doch heute regt sich wieder zaghaft Leben: Techniker kommen zu **SCHULUNGEN**, Rettungsteams zu **EINSATZÜBUNGEN**, der TÜV zu allerlei **TESTS**, Veranstaltern dient der Ort als **KONGRESSLOCATION**. Aber auch Privatbesucher heißt man willkommen, die **KOSTENLOSEN FÜHRUNGEN** durchs Doch-nicht-AKW sind in Zeiten wie diesen aktueller denn je.

Wer dem Reaktor in Zwentendorf ins Auge blickt,
ist sich sicher: Atomkraft ist gruselig.

30.000 Liter Kühlwasser pro Sekunde hätte man hier aus der Donau schöpfen wollen!

ERLEBEN

Das Naturparadies Traisenmündung erkunden: Wer keinen Führungstermin ergattert, betrachtet das Kraftwerk von außen und bekommt dabei eine Gänsehaut. Besonders spannend gestaltet sich der Ausflug, wenn man die Umgebung „mitnimmt“ – gleich neben dem gewaltigen Klotz wurde vor einigen Jahren die Traisenmündung in die Donau in einem EU-weit beispielhaften Projekt renaturiert. So kommt es, dass im Schatten des Reaktors eine dschungelhafte Natur gedeiht; man traut seinen Augen kaum.

Diesen Ausflug unternehmen Sie am besten mit dem Rad, der Donauradweg führt direkt am Kraftwerk vorbei und stromaufwärts in die wilde Au. Nach 4,5 km können Sie beim Damm des Donaukraftwerks Altenwörth übersetzen, auf der anderen Seite angekommen folgen Sie den Schildern Richtung „Altarm Altenwörth“. Nach 6,5 km gilt es, noch die Brücke ans Nordufer des Altarms zu überqueren, und schon können Sie Ihr Badehandtuch an einem der kiesigen Strände auswerfen.

GENIESSEN

Das eigene Kraftwerk mit Energie versorgen: Die Bärndorferhütte ist der einzige Anrainer des Kraftwerks – ein originales, 200 Jahre altes Bauernhaus, das man aus dem Kärntner Lavanttal hierher transferiert hat. Herzhafte Speisen und Klassisker der österreichischen Küche.

Am Sonnenweg 3, Zwentendorf, täglich geöffnet von Mai bis Oktober, im April, November und Dezember am Dienstag Ruhetag.

www.baerndorferhuette.at

Oben: Auf den alten Fundamenten hat man Stadthäuser rekonstruiert.
Unten: Eine römische Orgie in der Villa Urbana gefällig?

ARCHÄOLOGISCHER PARK CARNUNTUM

Petronell-Carnuntum – Bad Deutsch-Altenburg

KULTUR GESCHICHTE

Familientipp

App in die Antike

Als ich noch ein Kind war, also anno dazumal, war der Schulausflug nach Carnuntum Pflicht – und superlangweilig: ein paar Steine im Boden ... und Ende Gelände. Heute spaziert man an dieser Stelle durch ein kleines Stadtviertel im römischen Stil. Wessen Fantasie das noch immer nicht beflügelt, der greift zur virtuellen Ansicht via App. Auf zu den alten Römern!

Ahh, man reiche bitte das Handtuch! Die samtige Luft, die weich durch die Nasenflügel strömt, trägt das Etikett „Wellness". Das lichtdurchflutete Entree ist großzügig bemessen, in den Räumen dahinter warten Wasserbecken in fröhlich bemalten Nischen auf ihre Gäste. Sanfte Wärme steigt vom Boden auf, man möchte sich gerne der Kleider entledigen und ins Bad gleiten. Das geht freilich nicht, denn die **THERME** in der Römerstadt Carnuntum ist zwar voll funktionsfähig, doch sie entspricht leider nicht unseren heutigen Hygienevorschriften.

Das wäre freilich in der Tat ein kleines Wunder, denn man hat sich beim (händischen) Wiederaufbau der Therme in antiker Bautechnik strikt ans Original gehalten und auch die **FUSSBODENHEIZUNG** und die Wasserführung so wie zur Zeit der alten Römer rekonstruiert. Mit den ebenso nachgestalteten Bauten **„HAUS DES LUCIUS"**, **„HAUS DES ÖLHÄNDLERS"** und **„VILLA URBANA"** formiert sich die Therme zum römischen Stadtviertel, das weltweit einzigartig ist. Alles entspricht bis ins kleinste Detail dem Zustand in der ersten Hälfte des vierten Jahrhunderts nach Christi, der Blütezeit Carnuntums. **JAHRELANGE WISSENSCHAFTLICHE FORSCHUNGEN** zu Architektur, Heizungstechnik, Gebäudefunktionen, Raumnutzung und Innenausstattung gingen den Rekonstruktionen voraus. Reste ursprünglicher Wandmalereien hat man mit eingebaut, Ziegel nach aufgefundenen Originalteilen in einem archäologischen Experiment selbst gebrannt und auch echte, alte römische Steine kamen beim Wiederaufbau zum Einsatz. Für den Besucher öffnet sich so ein Zeitfenster ins antike Carnuntum vor knapp 1700 Jahren, für das sich auch

UNTERWEGS

MIT PLAN

RÖMERSTADT CARNUNTUM

Das rekonstruierte Stadtviertel befindet sich im Freiluftmuseum Petronell. Unweit vom Parkplatz sind noch die Ruinen des Amphitheaters mit nachgebauter Gladiatorenschule sowie die Reste des Heidentors zu besichtigen. Am Weg zum (sehenswerten) Museum Carnuntinum in Bad Deutsch-Altenburg liegen weiters die Überreste des Amphitheaters der Militärstadt, die ebenfalls zu besichtigen sind. Hat man alle Punkte abgeklappert, hat man auch eine Vorstellung davon, wie groß Carnuntum mit Zivilstadt und Militärlager früher war. Mitte März bis Ende Nov. tgl. geöffnet.

www.carnuntum.at

~

SCHLEMMEN WIE DIE ALTEN RÖMER

An ausgewählten Abenden finden in der Villa Urbana die Römischen Gaumenfreuden statt – serviert wird ein fünfgängiges Menü nach Originalrezepten des Apicius. Die Plätze sind zwar teuer, aber begehrt, daher unbedingt lange im Voraus buchen.

www.carnuntum.at

Archäologen nicht schämen müssen; im Gegenteil: Man ist hier sehr stolz darauf.

Freilich sind die vier aufgebauten Häuser nur die Spitze des Eisbergs, immerhin lebten in ganz Carnuntum bis zu **50.000 MENSCHEN**. So findet sich dazwischen noch eine Menge freigelegter Fundamente, die, so verrät mir Daniel Kunc vom Marketingteam, in den nächsten Jahren ebenfalls erlebbar gemacht werden sollen. „Zuerst müssen wir einmal gesichert wissen, was hier gestanden hat. Dann überlegen wir uns eine Form. Wir werden sicher nicht alles wieder aufbauen, sondern neue Wege gehen."

WEITERE TIPPS

ENTDECKEN

Carnuntum App: Gratis-Download für Android und iPhone. Virtuelle Darstellung sowie 3D-Darstellung an derzeit neun Erlebnispunkten (Stand 2022, 3D-Brille erhältlich im Shop am Eingang). Die Funktion „augmented reality", die Realität und Fiktion vermischt, hat technisch noch deutlich Luft nach oben. Zwei Themenspaziergänge, die auch Fundstücke zeigen, sowie eine Erlebniskarte ergänzen die App.

GENIESSEN

Antike Genüsse erleben: Im Restaurant „forum culinarium" am Freigelände von Petronell werden römisch-antike, mediterrane und österreichische Speisen geboten.

www.carnuntum.at

Fürs Erste setzt man auf eine **APP**, die an Erlebnispunkten alte Gebäude zu neuem Leben erweckt – zumindest am Display des Smartphones. Wer sich zuvor eine **3D-BRILLE** im Shop besorgt, sieht das Ganze noch etwas plastischer. Solchermaßen ausgestattet lassen sich auch die Ausgrabungen außerhalb des Freiluftmuseums aus einer ganz anderen Perspektive betrachten. So sieht man die beiden Amphitheater am Handy in voller Pracht, während man in realitas am weichen Grasboden auf ein paar Steine blickt. Besonders fantasieanregend gerät die Zeitreise an der Stelle des ehemaligen **FORUMS** der Zivilstadt, wo heute gar keine Spur mehr von den alten Römern sichtbar ist: Einmal Augen reiben, pardon: Smartphone wischen, und der alte Glanz ist wieder da.

Wir wischen uns
zu den alten Römern.

Das Heidentor war ursprünglich ein Triumphbogen.

Die Kremser Innenstadt ist Fußgängerzone – und,
neben Shoppingparadies, auch historisches Kleinod.

ALTSTADT-SHOPPING

Krems

ERLEBEN ENTDECKEN

Lauter schöne Dinge

Shopping in Krems punktet mit einzigartigem Mehrwert: Muss man sich sonst beim Citytrip die Zeit für den Einkaufsbummel vom Sightseeingprogramm abzwacken, geht das in der hübschen Stadt an der Donau in einem Aufwasch. Zudem ist das Angebot in der Kremser Altstadt vielfältig und originell.

Auf knarrendem Holzboden betritt man das **GESCHÄFT VON BURGI ROSNER**, die seit einem Vierteljahrhundert Besteck, Kochtöpfe und Pfannen, allerlei Küchenutensilien – und natürlich Messer in allen Variationen – anbietet: 1921 wurde der Betrieb vom Messerschmied Martin Schnellar als Werkstatt und Laden gegründet; heute noch befindet sich hinter einer versteckten Türe die Schleiferei als Dienst am Kunden. Ein paar Häuser weiter glänzt es seit 1919 in der Auslage von **JUWELIER GÖSCHL**, der in vierter Generation nicht nur mit Gold- und Silberschmuck, Perlen-, Steinketten und Uhren handelt, sondern in der hauseigenen Werkstatt auch Stücke fertigt und repariert. Ähnlich traditionsreich ist der Hutsalon Marianne, die Ware ist aber alles andere als hausbacken: schicke Hüte und trendige Kopfbedeckungen auf der einen, verführerische Wäsche auf der anderen Seite des kleinen Geschäfts.

Afrikanische Stoffe, Hippie-Style-Fashion, High Heels, sexy Blaudruck-Shirts, Anzüge aus Mailand, Sommerkleider aus Barcelona, Vintageröcke, Deko im Shabby Chic und Landhausstil, hippe Bags, lässige Flipflops ... Das Angebot in der Kremser Altstadt ist **BUNT, VIELFÄLTIG UND ORIGINELL** – was für eine Wohltat im Vergleich zu modernen Shoppingcenter mit ihrer sterilen Atmosphäre und ihrem uniformen Warenangebot.

Auf den siebenhundert Metern zwischen Steiner Tor – dem Wahrzeichen der Stadt – und Kremstal kann man sich richtig im Flanieren, Stöbern und Gustieren verlieren. Traditionsunternehmen, kleine Boutiquen, schräge Läden und ein paar Mode-

UNTERWEGS

MIT PLAN

ALTSTADT KREMS

Einkaufen in der Fußgängerzone Obere und Untere Landstraße (zwischen Steiner Tor und Kremstalstraße) und deren Seitengassen. Sightseeing dazwischen und daneben, bei der Tourismusinfo erhalten Sie einen guten Stadtplan zu den diversen Sehenswürdigkeiten.

Tourismusinfo Krems, Körnermarkt (Dominikanerkirche), Mo–Sa geöffnet. Ca. fünf Minuten zu Fuß vom Bahnhof. Wer mit dem Auto kommt, parkt am besten im Parkhaus Kasernstraße gegenüber vom Steinertor.

www.krems.info

~

MÄRKTE

Kremser Genussmarkt: Wachauer Produkte jeden Samstagvormittag am Pfarrplatz

Bauernmarkt: jeden Freitagvormittag am Dreifaltigkeitsplatz

Altstadt-Flohmarkt: jeden ersten Samstag im Monat am Dreifaltigkeitsplatz

ketten reihen sich hier Tür an Tür, lassen gerade mal die eine oder andere Lücke für Cafés, Bars und Restaurants. Insgesamt sind es **RUND 200 GESCHÄFTE UND 30 LOKALE**, die sich über die Kremser Altstadt verteilen, es empfiehlt sich also, die Shoppingtour gleich am frühen Vormittag zu starten. Die Hauptmeile fürs Einkaufsvergnügen ist die lange **FUSSGÄNGERZONE** in der Oberen und der Unteren Landstraße, die beide nahtlos ineinander übergehen.

Bereits seit dem **MITTELALTER** ist hier die geschäftige Hauptachse einer Stadt, die ihren Wohlstand und Reichtum dem **HANDEL** verdankte. Wer nach oben blickt, entdeckt zahlreiche Spuren aus der Vergangenheit wie **GOTISCHE STEINMETZARBEITEN**, verblassende **FRESKEN** oder **FARBINTENSIVE JUGENDSTILORNAMENTE**. Vorbei am Simandlbrunnen, dem Denkmal der vermutlichen Pantoffelhelden, biegt man ab in eine der Seitengassen. Hier wackelt man plötzlich über **BUCKELIGES KOPFSTEINPFLASTER**, steht vor gewaltigen Kirchen oder der berühmten **GOZZOBURG**, dem Stadtpalast des einflussreichen Bürgers und Stadtrichters Gozzo. Ganz automatisch switcht man so zwischen Shopping und Sightseeing hin und her, und wenn einen dann die Eindrücke übermannen, nimmt man Platz in einem der zahlreichen Schanigärten und verdaut dieses fröhliche Stadterlebnis. Danach heißt es: auf zur nächsten Runde.

Shop till you drop

Schickes Frühlingsoutfit gefällig?

WEITERE TIPPS

ANSCHAUEN

Ganz ohne viel Ablenkung lässt sich ein Blick in die Vergangenheit in Stein tun, das mit Krems zur Doppelstadt verwachsen ist. Hier sind die Gassen stiller, die Plätze verwinkelter, das Angebot kunstsinniger und deutlich überschaubarer.

ERLEBEN

Am Eingang zur Altstadt von Stein hat man die Kunstmeile eingerichtet: Landesgalerie, Kunsthalle und Karikaturmuseum (Deix, Ironimus) laden hier zum Kunstgenuss in verschiedenen Facetten. Zu Fuß ca. 10 min vom Steinertor entfernt.

www.kunstmeile.at

~

In Ruhe shoppen: Im „Kinderzimmer" können Sie Ihren Nachwuchs zum Spielen in bester Gesellschaft und ebensolcher Obhut lassen. Di–Fr Nachmittag, Sa Vormittag geöffnet, Spänglergasse 2.

www.daskinderzimmer-krems.at

Oben: Eintreten, Platz nehmen, Füße im Gras ausstrecken ...
Unten: ... eine Hauerjause und ein Achterl Federspiel bestellen und den Tag genießen

WEINGUT & HEURIGER POLZ

Rührsdorf

Die Essenz der Wachau

Unterm Nussbaum sitzen, ein Glas fruchtigen Weins in der Hand, eine zünftige Hauerjause vor sich am Tisch und den Blick über den Donaualtarm in eine Obstgartenidylle schweifen lassen. Im Hintergrund lugt die Wehrkirche von Weißenkirchen hervor. Beim Polz in Rührsdorf lässt sich das Welterbe Wachau perfekt verinnerlichen.

Ein fruchtiger **STEINFEDER**, so leicht und duftig wie das namensgebende Gras, das in den Weingärten wächst? Ein nuancenreicher, charaktervoller **FEDERSPIEL**, benannt nach der früher in der Wachau beliebten Falkenjagd? Oder doch gleich ein kräftiger **SMARAGD**, schillernd im Glas und voller Aromen? Sein Namensgeber ist die Smaragdeidechse, die sich gerne in den Wachauer Weinterrassen sonnt und so zum Symbol für Wachauer Weine mit vollendeter physiologischer Reife wurde. „Die verschiedenen Bezeichnungen weisen auf die Stärke des Weins hin. Wie man an der Farbe auch unschwer erkennen kann, ist der helle Steinfeder mit 11,5 Volumprozent ein Leichtgewicht, während der dunkle Smaragd mit über 12,5 Volumprozent satt im Glas liegt“, erläutert **JUNGWINZER HERBERT POLZ**, worauf es bei der Weinbestellung zu achten gilt.

Das Weingut, das er vor einigen Jahren vom Vater übernommen hat (der ihm nach wie vor mit Rat und Tat zur Seite steht), ist Mitglied der **VINEA WACHAU** – eine Winzervereinigung, die für gesicherte Herkunft, naturbelassene Weinproduktion und 100 Prozent Handarbeit im Weingarten steht. „Naturbelassen heißt, wir verzichten auf chemische Düngung und setzen stattdessen auf Dauerbegrünung. Pflanzenschutzmittel werden nur minimal eingesetzt“, so Polz weiter. „Wir bewirtschaften als reiner Familienbetrieb **ZWÖLF HEKTAR** mit den Hauptsorten **GRÜNER VELTLINER** und **RIESLING**, die wir gemäß den Vinea-Wachau-Richtlinien zu gebietstypischen Weinen keltern. Seit 2015 bauen wir die

UNTERWEGS

MIT PLAN

WEINGUT & HEURIGER POLZ

Ausstecktermine lt. Website.
Ist geschlossen, steht ein Weinautomat zur Verfügung, lauschige Sitzgelegenheiten direkt am Altarm vorm Heurigen.

Rührsdorf 22, 3602 Rossatz
polzwachau.at

Nasenkunst an der Donau

Weine zudem nach Lagen aus, der Kenner schmeckt das Terroir im Glas."

Der Amateur erfreut sich an den fruchtigen, hervorragend trinkbaren Weinen der nach Norden ausgerichteten **RIEDEN ZANZEL** und **KREUZBERG**, die dank Waldrandlage mit herrlicher „cool climate"-Stilistik daherkommen. Glücklicherweise hat sich Familie Polz entschieden, ihre Weine am liebsten im **DIREKTVERKAUF** an Frau und Mann zu bringen und ihren wunderbaren **HEURIGEN**, der 1956 von Herberts Opa eröffnet wurde, auch weiterhin zu betreiben.

Im tiefen Baumschatten sitzend, die Füße ins kühle Gras gestreckt, fällt es leicht, sich ganz dem Genuss hinzugeben und durch die Palette der Polz'schen Weine zu kosten. Eine herzhafte Winzerjause mit Produkten aus der Region dient als Unterlage, ein Safterl aus dem hauseigenen Marillengarten als alkoholfreier Durstlöscher dazwischen. Die Sonne taucht den Garten direkt am Donaualtarm in magisches Abendlicht, aus den sandigen Obstgärten auf der Insel gegenüber, die weiter hinten in den Auwald übergehen, zwitschert und trillert, zirp und quakt es. Einfach perfekt. Zwickts mi, i man i tram!

Die Leichtigkeit des Seins

WEITERE TIPPS

GENIESSEN

Wunderbare Alternative entdecken: Da die Polz' ja auch ihre Weingärten eigenhändig bewirtschaften, ist zwar sehr oft, aber eben doch nicht immer geöffnet. Eine perfekte Alternative ist das Weingut Reithofer in Rossatz, wo Sie die Füße ebenfalls ins Gras stecken – der Blick fällt allerdings auf Dürnstein. Speis und Trank munden hier anders, aber ebenso gut. Ausstecktermine lt. Website, Rossatz 76, 3602 Rossatz

www.weinbau-reithofer.at

BADEN

Ein Bad auf der Insel nehmen: Zwischen Rührsdorf und der Donau liegt eine kleine Insel, wo die Obstgärten nahtlos in den Auwald übergehen. Eine Fußgängerbrücke führt hinüber, an der Donau lässt es sich wunderbar baden (zu Fuß ab Polz entlang des Damms in Richtung Norden, ca. 120 m zur Brücke).

ERLEBEN

Durch Marillengärten wandern: Ein anderer Spaziergang führt flussaufwärts quasi mitten durch die Marillengärten bis hin zur Fährstation nach Weißenkirchen (ab Polz am kombinierten Rad-/Fußweg, 1 km, 15 min.). Wer Zeit und Muße hat, kann übersetzen und in Weißenkirchen über die Wehrhaftigkeit eines uralten Winzerdorfs staunen (Fährbetrieb Ende März bis Okt. tgl.). Wer den ultimativen Ausblick sucht, bleibt auf dieser Seite der Donau und wandert von hier hoch zur Seekopfwarte, die einen traumhaften Blick auf die Donau freigibt (3 km, 450 Hm, 1:30 Std., retour am gleichen Weg).

~

Sich von Wachauer Kunst verzaubern lassen: Last but not least – ausgehend von Rossatz können Sie zur überdimensionalen Smaragdeidechse hochstapfen, die der hiesige Künstler Erich Pummer knallbunt auf Dürnstein blicken lässt (Parkplatzzufahrt gegenüber der Kirche, Wegweiser „Panoramaweg Rossatz", rund 800 Meter, retour am gleichen Weg).

Oben: Fortgeschrittene Stand-Up-Paddler dürfen sich auf die offene Donau wagen.
Unten: Zum Einpaddeln empfiehlt sich eine Bucht im Auwald.

STAND-UP-PADDLING IN DER WACHAU

Oberloiben – Dürnstein

AKTIVITÄT NATUR

Ein SUPer Tag mit Greg

Ohne Donau gäb's keine Wachau. Also bleiben wir in Tuch-, pardon Fußfühlung mit dem großen Strom und besehen uns das UNESCO Welterbe aus der Froschperspektive. Da steigt das Adrenalin.

Also sooo schwer ist das nun wirklich nicht. Beim Versuch aufzusteigen bin ich zwar gleich ins Wasser geplumpst, aber jetzt steht es sich schon ganz bequem. Klar, der Untergrund „schwimmt" ein wenig, aber schließlich stehe ich ja auch mit einem Brettl auf dem Wasser. Fühlt sich gut an. „Dann paddel doch einmal zu mir her", erhöht Instruktor Greg die Anforderung. Tja, da war ich wohl etwas vorlaut – wobei es weniger das Schwanken des Brettls ist, das mir zu schaffen macht, sondern vielmehr das Geradeaus-Paddeln. Erst mit Gregs Tipps gelingt mir das halbwegs.

Gute anderthalb Stunden dauert unsere erste Annäherung an die **TRENDSPORTART STAND-UP-PADDELN** (kurz: SUP). Sechs Teilnehmer haben sich zum Basiskurs eingefunden. Als Allererstes stehen **BALANCE** und, sobald diese gefunden ist, Paddeltechnik zum **GERADEAUS-** und **GEZIELTE-KURVEN-FAHREN, ABBREMSEN** und **WENDEN** am Programm. Als Höhepunkt des Vormittags paddeln wir aus der ruhigen Lagune (die karibisch aussieht, sich aber eher nach Eismeer anfühlt) den Altarm hoch, erreichen die Donau und lassen uns in sicherer Nähe zur Landzunge wieder retour treiben. Hier steht unser Gleichgewicht am Prüfstand: Ständig fahren Schiffe vorbei, die für hohen Wellengang sorgen. Paddelguru Greg steht das natürlich locker durch, wir Newbies haben unsere liebe Not damit. „Setz dich hin, dann fällst du nicht runter", ist Gregs logischer Tipp.

Nach so viel Bewegung rasten (und trocknen) wir am Kanu-Center. Wir wundern uns, warum Greg, der aussieht wie einer dieser immerjungen, braun gebrannten Surfer, die in der Weltgeschichte auf der Suche nach der ultimativen Welle herumgondeln, hier ein sesshaftes Leben führt. „Nach meinem Studium ‚Freizeitwirtschaft und Tourismusmanagement' bin ich aus-

UNTERWEGS

MIT PLAN

KANU CENTER WACHAU
SUP-Schnupper- und Basiskurse, individuelle Touren an der Donau, weiters Work-out am SUP sowie umfangreiches Kanuprogramm. Nach Vereinbarung, T +43 664 1213723 (Gregor Wimmer), Oberloiben bei Dürnstein

www.kanu-wachau.at

Hawaii-Feeling auf der Donau

gezogen, die Welt zu sehen, habe in Kanada, Mexiko, Costa Rica und Panama gelebt und gesurft. Auf Hawaii habe ich dann das Stand-Up-Paddeln kennengelernt, basierend auf einer uralten Jagdtechnik der Polynesier", gibt uns Greg eine Kurzzusammenfassung seiner Vita. „Dann zog es mich wieder zurück in die Heimat. Da dachte ich mir, Kanu und SUP passen perfekt in die Wachau, und so habe ich das hier aufgezogen. Damals war das noch neu in Österreich und ich galt als Vollspinner."

Zeit, uns für die zweite Runde fertigzumachen, nachdem Greg mit unserer vormittäglichen Performance zufrieden ist: „Ihr habt das gut gemacht, einem **AUSFLUG NACH DÜRNSTEIN** steht nichts im Wege". In puncto Sicherheit kennt der sonst so nette Greg nämlich keine Kompromisse: „Nur wenn ich überzeugt bin, dass meine Gäste die notwendigen Fertigkeiten beherrschen, nehme ich sie mit auf die offene Donau mit ihrem Schiffsverkehr, dem oft hohen Wellengang und der starken Strömung. Dann ist es auch nicht gefährlich, sondern macht einfach nur Spaß." Wobei er das Adrenalin nicht erwähnt, das mir als Anfängerin ins Blut steigt, zunächst noch sachte beim Anpaddeln gegen die Strömung, aber dann schon recht heftig beim **QUEREN DER DONAU** ans andere Ufer. Als dann hinter der Kurve Dürnstein ins Blickfeld rückt, sorgt der Anblick des adretten Ortes aus der Froschperspektive für einen kurzen Moment noch für zusätzliche Herzfrequenzsteigerung – bevor wir uns mit zunehmend ruhiger werdendem Puls wieder dem Ausgangspunkt zutreiben lassen.

Links im Bild die offene Donau, rechts die Bucht im Auwald

WEITERE TIPPS

ERLEBEN

Auf der Promenade nach Dürnstein spazieren: Dürnstein ist ein entzückender Ort – sieht man von den Touristenmassen ab. Aber wenn man schon mal hier ist, lohnt sich der kurze Weg auf jeden Fall: Vom Kanu-Center führt eine nette Promenade zu Fuß mitten in den Ort (ca. 25 min), für den ultimativen Ausblick steigen Sie noch hoch zur Ruine. In der Bäckerei Schmidl im Zentrum gibt's neben köstlichen Marillenverführungen zur Stärkung auch die allerbesten, frisch gebackenen Wachauer Laberl – die ja immerhin hier erfunden wurden!

GENIESSEN

Aufs Adrenalin folgt Kohldampf: Einen Heurigenkalender finden Sie auf www.duernstein.gv.at. Wenn es kein Heuriger sein muss, empfehlen wir das Gasthaus Linzertor im nahen Stein, wo die Speisen frisch gekocht und mit einem breiten Lächeln serviert werden. Netter Schanigarten, schönes Gewölbe im Inneren. Mo bis Do, Sa, So geöffnet, Steiner Landstraße 109, 3500 Krems.

www.gasthaus-linzertor.at

BADEN

Ins kühle Nass springen: Noch zu wenig nass? Das Wasser am Kanu-Center lädt auch zum Baden ein. Am besten man geht hinüber auf die Landzunge/Insel, wo man dann die Wahl hat zwischen der Donau und der Lagune – eine Engstelle mit knöchel- bis brusttiefem Wasser zum Durchwaten findet sich rund 300 m Richtung Dürnstein. Wer nicht rübergehen mag, findet genau hier auch am Festland einen schönen Kiesstrand.

Oben: Bei den Vorbereitungen steigt die Spannung auf die Fahrt.
Unten: Und mit zunehmendem Höhengewinn steigt das Herzklopfen.

BALLONFAHREN

Krems-Gneixendorf

ERFORSCHEN ERFAHREN

Gräfin der Lüfte

Atemberaubend, sensationell spektakulär und gleichzeitig restlos entspannend von der Haar- bis zur Zehenspitze – das ist Ballonfahren. Ein Erlebnis, das seinesgleichen sucht. Kleiner Tipp: Sagen Sie niemals fliegen dazu, mit dem Ballon wird ausschließlich gemütlich gefahren!

Lautlos und sanft entschweben wir der Welt. Die Details am Boden verschwinden, machen Platz für ein unglaubliches Raumgefühl in meiner Brust. Der Blick schweift vom blitzenden Band der Donau über die kleinteilige Landschaft aus Wiesen und Weingärten direkt unter uns bis hinauf zu den dichten Wäldern des Waldviertels. Unter mir breitet sich Niederösterreich wie eine Landkarte aus, in einer sattgrünen Satellitenansicht. Mit den Augen fahre ich von **LANGENLOIS** durchs **UNTERE KAMPTAL**, vorbei an der **ROSENBURG** bis zum **STIFT ALTENBURG**. In die andere Richtung tut sich gerade ein Einblick ins **DONAUENGTAL** der Wachau auf, weit dahinter lugt der **ÖTSCHER** hervor.

Wuuuschschschsch – ein lautes Zischen reißt mich aus der Versenkung. Pilot Martin legt heiße Luft nach, er möchte noch höher steigen. Mir wird ein klein wenig bange ob meiner eigenen Courage – an sich leide ich schwer unter Höhenangst, die mich verlässlich auf jeder Aussichtswarte in die Knie zwingt. Doch hier, auf knapp einem Quadratmeter in einem 1,20 m hohen Korb, stört mich die fehlende Bodenhaftung auf 840 m Seehöhe überraschenderweise kaum. „Du fühlst dich halbwegs wohl, gell?", meint Martin, dem ich meine Ängste vor dem Start anvertraut hatte, in diesem Moment. Stimmt, das weiche Schweben und die **AUSSERGEWÖHNLICHE SICHT AUF DIE WELT**, die aus unserer Höhe besehen auf zwei Dimensionen reduziert ist, begeistern mich. Aus dem Korb heraus fühle ich mich mit der Welt verbunden, durch die langsame Reisegeschwindigkeit, prägt sich das Erlebnis tief ein.

Freilich ist man im Ballon auch der Natur ausgeliefert. Angetrieben wird man vom **WIND**, und nur vom Wind. Die einzige Steuerungsmöglichkeit ergibt sich aus der Tatsache, dass der Wind je nach **LUFTSCHICHT** variiert. So tüftelt der Ballonpilot am Vor-

UNTERWEGS

MIT PLAN

U.S.F.C. KREMS
Neben Ballonfahrten bietet der Verein auch Schnupperflüge mit Segel- und Motorfliegern sowie in allen drei Sparten auch Ausbildungen an. Nach Vereinbarung, Flughafenstraße 15, Flugplatz Krems-Gneixendorf, 3500 Krems, Kontakt Ballonfahrt: T +43 664 4310502 (Martin Mörtinger)

www.flugplatz-krems.at

Die Ballonfahrt selbst dauert rund eine Stunde, insgesamt sind für das Erlebnis (Verladen des Equipments, Anfahrt, Startvorbereitungen, Ballonfahrt, Landung und Verstauung sowie anschließende Ballontaufe) rund vier bis fünf Stunden einzuplanen. Gefahren wird im Sommer am frühen Morgen oder späten Nachmittag.

Kinder sind ab acht Jahren und einer Körpergröße von mindestens 1,30 m (da sie sonst nicht über den Korbrand sehen) zugelassen.

Gib Gas, wörtlich genommen

abend mithilfe der **WETTERPROGNOSE** die **FAHRTROUTE** aus und wählt Start- und Landepunkt entsprechend. Vom Abheben weg heißt es dann, den Wind genau zu beobachten – mit dem Ziel im Visier wird dann Höhe gewonnen oder verloren, je nachdem wie der Wind tatsächlich weht. Das Austarieren der Höhe wiederum passiert mittels Heißluft: je heißer die Luft, desto leichter, desto höher steigt man – und umgekehrt. Ballonfahren ist also nichts anderes als angewandte Physik.

In der Theorie. In der Praxis ist es ein Traum. Ich hatte das Glück, die Welt schon sehr oft und aus unterschiedlichsten Gefährten sehen zu dürfen – doch die Fahrt mit dem Ballon hat alles in dieser Hinsicht übertroffen.

Gezeichnet, Ihre „spontan im Gföhleramt hoch aufsteigende, viele Orte erspähende und zielgenau am Flugplatz landende Gräfin Anita zu Gneixendorf".

Sich vom Wind treiben lassen

WEITERE T TIPPS

ERLEBEN UND GENIESSEN

Zu ebener Erde: Das hübsche Langenlois, das Sie vermutlich bereits von oben gesehen haben (respektive bei Abendfahrten noch sehen werden), lohnt auch mit den Füßen am Boden einen Besuch. Hier haben wir zwei Spezialtipps für Sie: das nostalgische Kamptalbad (heute Freizeitanlage Kamp, Austraße) lädt zu großartigem Badespaß, der Heurigenhof Bründlmayer zu feinen Tafelfreuden im lauschigen Innenhof. Mi bis So geöffnet, Walterstraße 14, 3550 Langenlois.

www.heurigenhof.at

~

Die Taufe: Ballons erfüllten der Menschheit den Traum vom Fliegen (auch wenn man Fahren dazu sagt): 1783 schlug die Geburtsstunde der Luftfahrt, als die Gebrüder Montgolfier mit einem Heißluftballon für rund zehn Minuten in die Luft gingen. Sofort wurde beschlossen, dass es dem Adel vorbehalten sei, sich über die Köpfe des Volkes zu erheben. Daraus entstand der heutige Brauch, jeden Mitfahrer in den Adelsstand zu erheben. Wer also das erste Mal mit einem Ballon abhebt, wird anschließend in einer Zeremonie auf seinen neuen Adelsnamen getauft.

ALLES AUF EINEN BLICK

QUELLEN & LESESTOFF

Die in diesem Reisebuch enthaltenen Geschichten habe ich vor allem vor Ort recherchiert – und mir die eine oder andere Info von den jeweiligen Webseiten herausgepickt.

Viele Informationen finden Sie auf den Webseiten von Niederösterreich Tourismus sowie den regionalen Tourismusverbänden:

www.niederoesterreich.at
www.waldviertel.at
www.weinviertel.at
www.donau.com
www.wienerwald.info
www.wieneralpen.at

WEITERE LESETIPPS

Reiseführer
Anita Ericson: Niederösterreich mit Hund. Kral Verlag, 2. Auflage, 2022.
52 Wanderungen, Badeplätze und Ausflugsziele, die Mensch wie Hund gleichermaßen Spaß machen.

Zum Schmökern
Wolfgang Kühn (Hg): Auftauchen 2. Literaturedition Niederösterreich, 2022.
Zum 100-Jahr-Jubiläum von Niederösterreich erschien die Anthologie, in der zehn literarische Newcomer ihren Beitrag zum Thema Heimat und Identität leisten.

Helmut Neundlinger, Julia Stattin, Katharina Strasser, Fermin Suter (Hg): Hier ist Literatur! Literaturedition Niederösterreich, 2022.
Reisen zu literarischen Erinnerungsorten – von Kafkas letzten Lebenswochen in der Lungenheilanstalt in Kierling bis zu Karl Farkas' Landhaus in Edlach an der Rax.

Alfred Komarek: Polt – Die Klassiker in einem Band. Haymon Verlag, 2012.
Die ersten vier Kriminalfälle des kultigen Provinzgendarmen aus dem Weinviertel in einem Buch.

Reinhard Linke, Christian Postl (Hg): 100 Jahre Niederösterreich. Kral Verlag, 2022.
Seit 1922 gibt es Niederösterreich als eigenständiges Bundesland. Der „Rückblick auf eine bewegte Zeit" erinnert an große und kleine Ereignisse, die Menschen und Land bewegt haben.

DIE AUTORIN

Anita Ericson ist ein Kind des Wienerwaldes. Sie ist hier aufgewachsen und niemals weggezogen. Die Welt hat sie trotzdem gesehen: Ihre Heimat war ihr der Ruhepol für eine fieberhafte Reisetätigkeit, die sie als Backpackerin und Reisejournalistin mehrfach um den Erdball führte. Vor mehr als zehn Jahren hat sie das Kapitel Globetrotterin (vorerst) abgeschlossen – rastlos wie sie ist, begann sie, ihre unmittelbare Heimat zu entdecken. „Als Jugendliche fand ich das nahe Liegende, ohne es näher zu kennen, bieder und wollte nur raus, die weite Welt sehen. Heute habe ich den Vergleich und weiß nun endlich, wie großartig es ist, hier zu leben", sagt sie auf die Frage, ob ihr die Ferne nicht abgeht. „Niederösterreich ist so abwechslungsreich, da ist für jede Laune ein Ausflugsziel dabei. Auch habe ich längst noch nicht jeden Geheimtipp entdeckt, da ist noch Luft nach oben. Die Anreise ist kurz, der Plan spontan gefasst, was will man mehr?"

BILDNACHWEIS

Cover/S. 1 o. Ballontage Krems, Langelos: Jürgen Übl; Cover/S. 1 u. Kellergasse am Galgenberg: Rupert Pessl

S. 2, 96 (beide), 98 Canyoning Jack; S. 5 o., 16 Weingartner-Foto/picturedesk.com; S. 5 u., 72 u. Waldviertel Tourismus, Robert Herbst; S. 7 l., 132 (beide), 135 Erlebnisarena St. Corona am Wechsel; S. 8 l., 144 o. Philipp Lipiarski; S. 8 r., 60 (beide) Matthias Ledwinka; S. 11 iStock/baririemoments; S. 20 u. project-nightflight; S. 24 o. WWF_Vincent Sufiyan; S. 28 o. Adobe/reichhartfoto; S. 28 u. Adobe/matuty; S. 36 u. Weinvierteldraisine; S. 43 Biobeerengarten Hummel; S. 44 Therme Laa – Hotel & Silent Spa; S. 68 u. Schloss Greillenstein; S. 76, 78 Huskyranch Friedersbach; S. 80 Michael Mayr; S. 84 Lamawanderland; S. 87 zivot s bambulkama; S. 92 Martin Fülöp & Annaberger Lifte; S. 94 Linda Lime; S. 95 Jolly Schwarz; S. 100 (beide) Fuxsteiner; S. 107 Weinfranz; S. 108 (beide) Schaglhof; S. 112 Erwin Streicher; S. 116 (beide) Martina Siebenhandl; S. 119 iStock/LiliGraphie; S. 120 Robert Kalb/picturedesk.com; S. 124 o. Zinnfigurenwelt Katzelsdorf & Andreas Raykowski; S. 131 Mandl's Ziegenhof; S. 136 Baumhaus Lodge; S. 146 Dumba Park; S. 148, 151 Stift Heiligenkreuz & Elisabeth Fürst; S. 156 (beide) Mayer-Elsebeere; S. 160 grahof_photo; S. 164 (beide) Daniela Matejschek; S. 167 EVN_geopic; S. 172 Adobe/Bob; S. 180 o. Kanu Wachau/Gregor Wimmer

Icons: iStock/Getty Images Plus/StudioU.

Alle übrigen Fotos: Anita Ericson

HINWEIS

Informationen und Kontaktdaten wurden sorgfältig recherchiert und entsprechen dem aktuellen Stand bei Fertigstellung des Buches (Herbst 2022). Ein rascher Blick ins Internet sorgt vor dem Aufbruch dafür, dass ein Ausflug sicher gelingt.

Für Aktivitäten in Zusammenhang mit diesem Buch kann von Autorin und Verlag keine Haftung übernommen werden.

STYRIA
BUCHVERLAGE

ISBN 978-3-222-13702-0

Bücher aus der Verlagsgruppe Styria gibt es in jeder Buchhandlung und im Online-Shop www.styriabooks.at

Buch- & Covergestaltung:
Jefferson & Högerle, jefferson-hoegerle.com
Lektorat: Philipp Rissel
Korrektorat: Dorrit Korger
Konzept & Projektleitung: Sophie Wolf
Bildredaktion: Kate Reiserer
Herstellungsleitung: Maria Schuster

Druck und Bindung: DZS Grafik, d.o.o.
7 6 5 4 3 2 1
Printed in the EU